관 계 는
틈 이 다

관 계 는
틈 이 다

차이유린 지음 | 김경숙 옮김

밀리언서재
Million Publisher

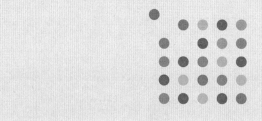

관계는 채우는 것이 아니라
틈을 만드는 기술이다

인생의 모든 시기마다 당신은 다른 사람과의 관계 속에서, 심지어 삶의 끝자락에 이를 때까지 끊임없이 사랑하는 법을 찾고, 배우고, 연습한다.

사랑이란 무엇인가? 성별과 나이를 불문하고 우리 모두는 이 질문 앞에서 혼란스러워한다. 직장을 몇 번 옮기고, 이사를 몇 번 하고, 그저 그런 연애를 몇 차례 했더라도 이야기의 결말이 반드시 '행복하게 잘 살았습니다'로 끝나지는 않는다. 하지만 그 모든 경험은 좋든 나쁘든 마음속 깊이 새겨지고, 쉽게 다시 꺼내보기 어려운 기억의 상자가 된다.

나는 과거 11년 동안 누적된 경험을 바탕으로 첫 번째 작품 《가장 빛나는 나이에 싸구려로 살지 마라》를 썼다. 가장 좋은 나이에 오늘을 즐기고, 과거, 특히 이미 어쩔 수 없는 지나간 일을 후회하며 살아서는 안 된다는 이야기였다. 이미 지나간 것, 아쉬움이 남는 것, 아무런 의미가 없는 것이라 해도 '그래, 그런 일이 있었지' 하고 받아들이며 놓아주어야 한다. 일과 일상생활, 우정과 사랑에 이르기까지 타인의 입장에서 다양한 관계를 깊이 통찰한 끝에 반드시 자기 자신을 용서해야만 비로소 눈앞이 확 트이는 새로운 인생을 얻을 수 있다.

그리고 올해 '날카로우면서 정곡을 찌르는' 과거의 독기를 깨뜨린 나는 2년 만에 새로운 작품《관계는 틈이다》를 내놓게 되었다. 이 책을 쓴 이유는 이 세상에 가장 따뜻한 감사를 돌려주고 싶었고, 삶과 사랑을 제대로 음미하라고 일깨워주고 싶었기 때문이다.

그리고 번외로 쓴 직장 커리어에 관한 책《서른의 포지셔닝》은 현대 청년들에게 민감한 N포 문제에 직격탄을 날린 것이다. 나 자신이 오랫동안 초조함과 잠 못 이루는 고통에 시달렸음을 인정하는 책이기도 하다. 수많은 밤, 나는 휴식을 취하지 못하는 워커홀릭인 자아와 싸워왔다.

지금의 나는 이미 나 자신의 부정적인 감정을 마주할 줄 안다. 공황이 엄습할 때마다 나는 얼른 다른 데로 정신을 돌려 싱잉볼 명상을 하거나 바다에 뛰어들어 잠수하고, 나 자신과 대화를 나눈다. "나는 아직 젊잖아. 미래는 절대 두렵지 않아. 취사선택하는 법, 내려놓는 법, 불안감과 공존하는 법을 배우고 마음을 가라 앉히면 삶이 훨씬 행복해진다." 나도 가장 어두웠던 시기가 있었고, 나 자신에게 삶이 즐거운지, 자유로운지 묻는 일조차 잊어버린 적도 있었다. 지금의 나는 더 진실하게 나 자신의 감정이나 주위 사람들에 대한 감정을 마주할 수 있다.

당신은 잘 지냈는가? 우리가 살아가고 있는 이 시대에 사랑은 더 이상 절대적이지도 않고 영원불변한 것도 아니다. 가상의 커뮤니티, 다문화 가정에서 성차별, 이혼과 재혼, 나이를 초월한 연애부터 황혼 연애에 이르기까지 현대인은 연애의 서막부터 강렬한 충격에 직면한다. 이제는 단순한 행복을 얻는 것조차 쉽지 않은 시대가 되었다. 사랑은 그 자체만으로도 사랑스럽고 순수하며, 사람들이 갈망하는 것이기 때문이다.

《관계는 틈이다》는 내면 깊은 곳의 대화를 진실하게 기록한 책이다. 이 책을 통해서 애절하고 감동적인 사랑을 느낄 수 있을 것이다. 이전의 두 작품이 있는 그대로의 사실적인 대답에 중점을 두었던 것과 달리, 이 책은 사랑의 배후에 담긴 의미와 현대인이 어떻게 하면 관계 속에서 자기 자신을 잃지 않을 수 있는지에 더 관심을 두었다.

마음을 가라앉히고 과거의 상처를 마주하면 당신은 더 이상 고통과 원망을 느끼지 않을 것이다. 자신을 속박하던 틀을 던져버리고, 더 나아가 자기 자신을 순수하고 사랑으로 가득 찬 존재로 만들어 선의와 긍정적인 에너지를 다시금 이 세상에 투영해야 한다.

사랑이란 본래 서로 환심을 사기 위해 비위를 맞추는 것이 아니다. 부디 항상 초심을 유지하고, 두 사람이 함께할 때는 언제든지 융통성을 발휘할 수 있는 두 사람만의 호흡이 필요하다는 사실을 기억하라. 과거에 겪었던 상처가 얼마나 아팠는지, 아쉬움이 당신의 마음을 얼마나 슬프게 만들었는지 더 이상 들춰보지 말자. 모든 마음의 응어리는 반드시 스스로 풀어야 한다.

비록 두 사람이 더 이상 함께하는 관계가 아니라 해도 "사랑은 우리로 하여금 인생의 아름다움을 느끼게 하며 더욱 풍요롭고 멋지게 만든다. 아쉬움 속에서 살지 말고, 더 이상 사랑하지 못하는 어른이 되지 마라"라고 조용히 이야기하고 싶다.

오랜 세월이 흘러 당신은 누군가를 소유하는 것을 통해 자신의 사랑이 얼마나 장렬했는지 증명할 필요 없다는 사실을 깨닫게 될 것이다. 비록 두 사람이 함께하지 않더라도 그 사랑이 당신과 함께 미래를 향해 나아갈 것임을 스스로 잘 알고 있기 때문이다.

사랑은 당신을 당황시키기도 하고, 두 사람의 만남에는 어떠한 규칙도 없다. 그러나 사랑은 여전히 매력적이므로 또다시 사랑을 마주하지 않을 수 없다. 우리는 도시에서 살아가면서 열심히 일하고 생활의 리듬을 좇는다. 그렇지만 때로는 마음을 비우고 자기 자신과 대화를 나누어야 한다는 사실을 잊지 마라. 또한 관계가 끝난 후에도 환경을 재정비하고 새로운 생활을 시작하는 것도 중요하다.

이 책은 결코 비굴하게 타협하거나 고독을 즐기라는 이야기가 아니다. 관계와 사랑을 겪은 후 동요하는 자신을 진정시키고, 무언가에 집착하지도 말고, 당신이 꽉 붙잡고 있는 어떠한 기대에도 속박되지 말라는 것이다. 삶의 여정을 이해하면 당신은 알 수 없는 미래에 대한 자신감을 가질 수 있고, 진정으로 자기 자신에게 맞는 것이 무엇인지도 알 수 있다.

사랑이란 어떤 상황에서도 만족할 수 있는 여유를 가지고 자유롭게 살아가는 것을 의미하며, 당신이 원하는 미래를 얻기 위한 수단이 아니라 그 자체로 중요한 가치가 있음을 알게 될 것이다.

_차이유린

Contents

Chapter 1
깨달음
'진짜 나'를 들여다보는 것이 먼저

———

Chapter 2
관계의 틈
놓아버릴수록 더 많은 것이 다가온다

———

Chapter 3
전환
변화가 시작되는 순간

―――――

Chapter 4
치유

다시 나답게, 어떤 것에도 흔들리지 않는다

———

• • •

'진짜 나'를 잃지 않기 위해서는
관계보다 나 자신을 먼저 들여다봐야 한다.
좋은 관계는 타인을 위한 노력이 아니라,
나를 지키는 선택에서 시작된다.

Chapter 1
깨달음

—

'진짜 나'를 들여다보는 것이 먼저

01
신경 쓴다는 것은 상대를 떠보는 것

"우리는 사랑할 때 가장 취약하다."(데이비드 리코)
상대를 떠보는 행동은 취약함을 드러내기 두려워
관심을 가장한 통제를 시도하는 것이다.

그동안 당신은 많은 사람들과 헤어지고 다시 만나기를 반복했는지도 모른다. 진지했던 감정도 몇 차례 있었고, 싸우고 헤어지기를 반복하다 결국 이별하면서 눈물을 흘리는 상면도 몇 번이나 재연되었다. 어떤 사람은 당신에게 고통을 주었고, 두 번 다시 꺼내고 싶지 않은 상처가 되었다.

오랜만의 연애에 당신은 사랑하는 법을 잊었다. 그래서 연애를 하는 과정에서 몇 번이고 서로의 마음을 시험하고 맞춰나간다. 두 사람이 모두 받아들일 수 있는 상태가 되어 다시금 감정에 천천히 발을 디뎌본다. 잠시의 불안과 고민을 거두어들이고 정식으로 연인과 함께하는 새로운 삶의 서막을 연다.

"우리는 지금 어떤 관계일까?"

"나의 어떤 점이 마음에 들어? ……그거 말고 또 있어?"

"왜 휴대폰에 전 애인과 찍은 사진이 아직도 있는 거야? 왜 상대방의 인스타그램이나 페이스북 팔로우를 끊지 않아?"

어른이 된 당신은 지금까지 살아오면서 각기 다른 대상과 연애를 했다. 그런데 관계에 마침표를 찍을 때마다 항상 비슷한 방식으로 막을 내린다. 설령 인연을 맺는 모습과 방식은 다양했다 하더라도 아름다운 관계가 실패로 끝날 때의 감정은 하나이다.

각자 감정의 잣대로 소통하는 것이 문제
—

친구 델핀은 키가 190센티미터나 되는 항공사 승무원을 만나게 되었다. 뜻밖의 만남에 주위 친구들은 모두 깜짝 놀라지 않을 수 없었다. 물론 우리는 델핀이 진심으로 안정된 관계를 원한다는 것을 알았다. 심지어 웨딩드레스를 입고 당당하게 결혼식을 올리는 그녀를 모든 사람들이 부러워하기를 바랐다.

델핀은 항공사 승무원과 알게 된 지 일주일도 되지 않아 사귀기로 결정했다. 매일 퇴근 후 만나서 함께 밥을 먹었고, 만난 지 2주일도 되지 않았는데 타이난으로 1박 2일의 짧은 여행을 가기로 약속했다. 그런데 공항에서 짐을 검사할 때, 델핀은 남자친구의 가방에 여러 개의 콘돔이 들어 있는 것을 얼핏 보았다. 천성적으로 의심이 많고 상상력이 풍부한 그녀는 정신이 멍해졌다. 여행하는 동안 두 사람 사이에는 감정의 틈이 생겼다. 심지어 '한도 끝도 없이 왜?'라고 묻는 상황이 벌어졌고, 30분마다 튀어나오는 질문을 남자친구는 견디지 못했다.

여행에서 돌아온 후 남자친구는 델핀과 거리를 두기 시작했다. 메시지를 보내도 더 이상 다정한 답장이 돌아오지 않았고, 심지어 몇 시간이 지나서야 읽음 처리가 되었다. 때로는 전화도 받지 않았고, 데이트를 해도 분위기가 어색하기 짝이 없었다. 결국 두 사람의 관계는 이별로 막을 내렸다. 델핀은 "그 사람에게서 편안함을 느낄 수 없었어!"라며 헤어진 이유를 이야기했다.

비록 첫인상이 괜찮은 사람이라고 해도 서로 알아가며 맞춰 나가는 과정이 필요하다. 단번에 상대방의 이미지에 만점을 주어서는 안 된다. "특히 우리 내면에는 삶의 리듬을 가늠하는 뚜렷한 '감정의 잣대'가 존재한다. 소통이든 조정이든 자신을 위해 미리 철저히 준비해두는 이유는 헛걸음을 조금이라도 줄이기 위해서다. 자신이 잘못된 사람을 사랑할까 봐 두려워하기보다는 우선 자신의 결점과 습관이 드러나지 않았는지 살피고, 선입견에서 비롯된 의심을 줄인 다음에 함께하는 세계로 들어가야 한다.

절대 인스턴트식 사랑의 달콤함에 넘어가지 마라. 당신의 마음에 확고한 안정감이 없다면 미래에도 계속해서 앞으로 나아갈 수 있는 원동력을 지니기 어렵다.

불안할수록 상대를 시험하게 된다

—

사람은 누구나 좋지 않은 감정을 몇 번 겪다 보면 쉽게 의기소침해지기 마련이다. 자기방어를 하면서 상대가 자신을 소중히 여기지 않을까 봐 두려워한다. 그래서 항상 '반복적인 시험과 영혼의 고문' 같은 방식으로 마치 면접처럼 만족도 조사를 진행한다. 상대방이 대화도 성실하게 하고 적절하게 행동한다면 약간 더 가까워진다. 그러나 상대방이 다정하지 않고 만족스럽게 행동하지 못하면 당신은 밤에 뒤척이며 잠도 못 이루고 일희일비한다. 게다가 일상이 불안함과 초조함으로 가득해진다.

관계가 끝난 후에는 반드시 휴식할 시간이 필요하다. 마음을 가라앉히고 교제의 시작부터 끝까지 두 사람이 어떤 잘못을 했는지 되새기는 것이다. 혹은 입장을 바꿔서 생각해보라.

"내가 상대방이었다면 이런 식으로 함께하는 걸 받아들일 수 있었을까?"

"서로 다른 가정에서 성장했고 가치관도 다른데 균형을 찾아야 했을까, 아니면 취사선택을 해야 했을까?"

"나는 이 관계에서 왜 그토록 불안했을까, 설마 나도 상대방에게 똑같은 스트레스를 주고 있었을까?"

문제를 하나하나 이성적으로 분석하다 보면 마치 무거운 짐을 벗어버린 것처럼 마음이 점점 편안해지고 짙은 안개가 긴 것

같던 길도 점차 밝아지는 것을 느낄 수 있다. 그러면 팽팽한 긴장 속에 있던 당신은 자유롭고 편안하게 상대방과 함께할 수 있는 방법을 알게 될 것이다.

자존감이 높은 사람은 관계에 얽매이지 않는다

—

물론 잘못된 연애는 몸뿐만 아니라 마음에도 상처를 입히고, 삶을 엉망진창으로 만들어버린다. 대부분의 경우 우리는 자신이 노력한 것에 상응하는 보답을 받기를 바란다. 당신이 사랑을 선택하고 그 사람과 사귀기로 했다면 비록 마음이 편안하지 않고 요동칠지라도 과도한 헌신은 금물이다.

더구나 상대에게 자신의 존재를 알아달라고 구걸해서는 안 된다. 사람은 누구나 유일무이한 존재이고, 타협할 수 없는 존엄을 지니고 있다. 그러니 사랑 때문에 자기 자신의 원래 모습을 잃어서는 안 된다.

두 사람의 현재 관계가 어떠하든 당신은 마음을 좀 더 여유롭게 가지고, 다양한 변화에도 담담할 수 있어야 한다. 선입견과 결말에 대한 두려움을 버려라. 그런 상태에서 만난 사람은 분명 당신의 전부를 사랑해주고, 당신의 장점과 결점을 모두 알아줄 것이다.

심지어 하루빨리 행복이 찾아오기를 당신보다 더 바랄 수도 있다. 몇 번의 실패를 겪었더라도 괜찮다. 당신이 자기 자신을 위해 더 잘 살아가고, 냉정하면서도 성숙하게 사랑하는 것이 더 중요하다. 그런 당신이야말로 사랑받을 가치가 있으며, 서로의 관계 또한 장기적으로 더욱 안정되게 이어질 수 있다.

친밀한 관계를 유지할 것인가 아니면 가벼운 관계를 유지할 것인가는 두 사람만의 암묵적인 법칙에 달렸다. 여기에 옳고 그름은 없다. 당신이 편안하고 자유롭게 살 수 있다면 그걸로 좋다.

당신이 모든 일에 대한 믿음과 관용을 배우고, 우아하고 자신감 있게 자존감을 유지하며 매사에 원칙을 고수하고 규칙을 잃지 않는 신념을 지니고 있다면, 왜 사랑하는 사람이 자신을 배신할까 봐 걱정하겠는가? 설령 불행한 일이 생기더라도 비난할 필요 없다. 당신은 결국 그 사람보다 더 나은 가치를 지니게 될 것이다.

02
지나친 노력은 자신을 잃게 만든다

"당신이 누군가와 함께 있을 때
스스로를 잃어버린다면,
그건 잘못된 사람과 있는 것이다."
– 오프라 윈프리

빠르게 변화하는 시대에 살아남기 위해 당신은 항상 최선을 다하고, 보잘것없는 이익을 위해 허리를 굽실거려가며 바쁘게 움직인다. 게다가 시시각각 듣기 좋은 말까지 해야 한다. 가면 뒤에 숨어서 살아가다 보면 세상에 찌들어갈 뿐만 아니라 무엇이 진실인지 거짓인지도 구별하지 못한다. 심지어 때로는 허영심에 사로잡혀 잘못된 방향으로 나아가기도 한다.

고요하고 깊은 밤이 되면 당신은 온전히 자기 자신을 위한 시간을 가지며 어떤 일이나 습관, 떠올릴 가치가 없는 사람에게서 벗어나고 싶다. 당신은 과거의 기억에 매달릴 수도 있고, 자신을 망치는 일이나 사람으로부터 점차 멀어져 허물을 벗은 것처럼 새로운 삶을 다시 시작할 수도 있다.

모든 사람들에게 잘하려고 하지 마라

—

원만한 관계를 맺는 데 필요한 시간은 저마다 다르다. 어떤 사람은 천성적으로 말재주가 뛰어나서 능숙하게 사랑을 속삭인다. 말끝마다 호감을 사는 말로 상대방이 즉시 사랑의 늪에 빠져들게 만든다. 어떤 사람은 감정은 있지만 사랑이 없다. 누군가와 헤어지면 금세 또 다른 사람의 품으로 뛰어든다. 또 어떤 사람은 감정도 사랑도 없다. 각자 필요한 것만 얻으면서 현재를 살아가는 것이다. 관계가 끝나기 전에 먼저 멈추겠다는 말을 하지 않고, 애매하고 불분명한 회색 지대를 맴돈다.

사랑하는 사이에는 절대적인 악역이나 선한 역할이 없다. 이미 다 알고 있지만 일부러 말하지 않는 '오래된 친구'라는 역할만 있을 뿐이다. 과거에는 정답게 알콩달콩했지만 지금은 "너도 알고 나도 알기 때문에" 서로 입을 다물고 침묵한다. 문제가 생기면 타이밍이나 서로 맞지 않는 성격 탓으로 돌린다. 사랑받기를 갈구하지만 반대로 구속당할까 봐 초조해하기도 하며 자유를 얻고 싶어 하는 사람은 이렇게 말한다.

"누구나 여러 사람을 사랑할 수 있어. 오직 한 사람만 사랑해야 한다는 법은 없지 않아?"

감정이 진실한 사람은 이렇게 대답한다.

"너를 사랑해. 내가 사랑하는 사람은 오직 너뿐이야!"

감정이 풍부한 사람은 이렇게 대답한다.

"너를 사랑해. 그렇지만 나는 자유를 더 사랑해!"

한쪽만 상대방의 입장이 된다면 서로를 속이기만 할 뿐이다. 좋은 결말을 맞이할 수 없는 사람이라는 사실을 깨달았다면 될 수 있는 한 빨리 놓아주어야 한다. 그런 다음 침착하게 각자 갈 길을 가는 것이 서로에게 진정한 전환의 기회가 될 수 있다. 일방적으로 쏟아붓는 감정은 주어진 사명을 반드시 완수해야 하는 슈퍼맨과도 같다. 영원히 보답을 바랄 수 없는 일에 희생할 의무는 없다.

최고의 사랑은 두 사람이 성실하게 마주하고 함께 성장하는 것이다. 서로를 위해 리듬을 조절하면서도 원래의 성격을 바꿀 필요 없다. 사랑받을 줄 알고 사랑할 줄 아는 사람은 이해하는 방법을 알며 제때 멈출 줄도 안다. 겉으로만 좋아 보이는 관계를 붙잡고 있느라 상대방과 자신을 괴롭히지 않는다.

상대가 노력하지 않는 게 아니라
당신이 너무 노력하는 것이다
—

가치관도 비슷하고 마음에 드는 외모를 지니고 있으면서 함께 미래를 향해 나아갈 사람을 찾는 것은 쉽지 않은 일이다. 어느 날 당신이 사랑하는 사람이 갑자기 솔직한 마음을 털어놓는다면 어떨까?

"너무 지쳤어. 우리 헤어질까?"

"무슨 말을 해야 할지 모르겠지만 우리 사이에 더 이상 어떤 감정이 없어……."

상대가 관계를 끝내기를 원할 때, 당신은 과도하게 매달리거나 연연해할 필요 없다. 일방적인 사랑으로는 홀로 날아가기로 결심한 상대방의 마음을 바꿀 수 없다. 상대의 마음을 돌리려고 애쓰는 것은 소 잃고 외양간 고치는 격으로 괜한 에너지를 낭비할 뿐이다.

사실 어떤 일이 발생하기 전에 이미 당신도 느끼고 있을 것이다. 다만 나쁜 쪽으로 생각하고 싶지 않아서 아무렇지 않은 척하고 그저 자기가 좀 민감한 탓이라며 스스로를 속인다. 상대가 당신을 별로 사랑하지 않는다는 사실을 분명히 알고, 처음부터 함께 미래를 향해 나아갈 생각이 없었다는 사실을 알면서도 당신은 아닌 척하고, 자기 자신을 잃어버린 채 애쓰며 일희일비한다.

사실은 그 사람이 우리의 관계를 위해 노력하지 않은 것이 아니라 당신이 지나치게 노력한 것이다. 자신의 가치와 자신감을 찾으려면 우선 상대방에게 억지로 강요하거나 두 사람의 관계에 동의하는 척하게 만들어서는 안 된다.

어느 정도 나이가 들면 단순하고 소박한 삶을 동경하고, 누군가와 다정히 기대어 함께 조용한 일상을 보내고 싶어진다. 자유를 갈망하면서도 사랑의 한가운데서 다시금 길을 잃고 싶지도 않다. 두 사람이 서로를 제대로 인식할 때, 비로소 상대방의 시간과 자신의 노력에 자부심을 가질 수 있다. 앞으로 살아갈 날들은 많은데 두 사람이 서로 알아가고 함께하는 시간은 너무 짧다. 그렇기 때문에 더욱 최선을 다해 사랑을 꾸려나가야 한다.

관계가 어긋나는 이유는 자신감이 없기 때문이다

—

언뜻 모든 일에 긍정적인 에너지가 넘치고 순풍에 돛을 단 듯 보이지만 화려함의 배후에는 종종 자신감이 결핍된 열등감이 자리한다. 일단 언쟁이나 문제가 발생하면 당신은 분노를 참으면서 자신의 실수나 잘못을 자책한다. 대화와 소통에 서툰 사람은 어렵게 얻은 사랑일수록 더욱 꼭 움켜쥐려 한다. 사랑하는 상대의 어떠한 과도한 요구도 들어주려고 한다. 그러면 상대방은 당신의 성격을 간파하고 당신은 어찌할 수 없을 정도로 감정의 굴레에 얽매인다. 사랑 앞에서 자존심을 순순히 내놓은 당신은 평화로워 보이는 겉모습 아래 쓴웃음을 짓고 있다.

사랑은 두 사람이 서로 감정을 주고받는 것이지 한 사람이 기꺼이 희생하는 것이 아니다. 그러나 쥐를 잡은 고양이처럼 상대방을 꼭 붙잡고 간섭하면 상대방은 자유를 갈망하며 훌쩍 떠나고 싶을 것이다. 이렇게 사랑하는 사람과 사랑하지 않는 사람 사이, 감정과 자유 사이에서 두 사람은 끊임없이 갈등하며 대립하고, 저울의 양쪽 끝에서 서로 안간힘을 쓴다. 당신은 상대를 사랑의 소용돌이에 빠뜨리려 하고, 상대는 다른 사람에게서 위안을 찾기 위해 발버둥친다.

사랑이 어긋나는 이유는 두 사람이 진정으로 소통하지 않고 상황을 직시하지 못했기 때문이다. 이런 경우 결국은 막다른 골목에 다다르게 마련이다.

사랑을 하든 사랑을 받든 내면의 상처가 차곡차곡 쌓인 당신은 평온한 상태로 돌아갈 방법을 찾으려고 서두르기보다 먼저 자신이 진심으로 이 사랑을 포용하고 싶은지 솔직하게 마주해야 한다.

절대 외롭다는 이유로 관계에 빠지지 마라. 그러면 상대방에게 상처를 줄 뿐만 아니라 동경하던 사랑에 대한 대가를 얻지도 못한다.

03
관계에서 쉽게 얻은 것은 쉽게 잃는다

"쉽게 얻은 것은 덜 소중하게 여겨진다.
쉽게 대체할 수 있기 때문이다."
 — 발타자르 그라시안

코로나 시대에 일과 삶 혹은 관계에서 부족한 부분과 결점이 드러났고, 과거에는 절대 변하지 않으리라고 생각했던 것이 한순간에 바뀌는 경험도 했다. 이제는 포스트코로나 시대의 새로운 생활을 마주하고 받아들이는 법을 배우지 않을 수 없게 되었다. 배후에 숨겨진 문제를 깊이 깨달은 당신은, 조심스럽게 적응하면서도 강하게 다짐하고, 흐트러진 인생의 리듬을 다시 정리할 준비를 해야 한다.

누군가는 새롭게 바뀐 환경을 마주하는 법을 배우고, 누군가는 어떤 환경에서든 잘 적응하기도 한다. 처음에는 포기했다가 나중에 각성하고 모든 일을 운명에 맡기는 사람도 있다. 또 어떤 사람들은 지금 이 순간을 살아가며, 눈물을 흘리기보다는 현재를 즐긴다. 어차피 내일 일은 알 수 없는 것, 미래가 희망적인지 아닌지를 따지기보다는 용감하게 앞으로 나아가는 것이 어떨까.

코로나로 삶의 가치관과 방식이 변화하면서 현대인의 애정관에도 변화가 생겨 관계의 시작도 빠르고 끝맺음도 빨라졌다. 마음의 상처를 입는 것은 어쩔 수 없지만 들뜬 마음이 지나가고 나면 더 이상 영원한 것에 집착하지 않는다.

제리는 외국계 회사의 기획 매니저이다. 매일 실적과 야근에 시달리며 낮 동안의 폭풍 같은 스트레스는 제리를 숨 막히게 만들었다. 그러나 가족과 친구들이 결혼을 재촉하고, 부모님은 손주를 안고 싶다는 바람을 알게 모르게 내비친다. 제리는 어쩔 수 없이 친구 사귀기 앱에서 매칭 상대를 찾았고, 백화점에서 근무하는 카운터 직원과 맺어지게 되었다. 상대방이 업무 시간을 조정하기 어려운 상황에서도 두 사람은 일부러라도 시간을 내서 함께 밥을 먹었고, 만난 지 2주일 만에 잠자리를 가졌다. 모든 것이 순풍에 돛을 단 듯 신속하게 진행되었다. 제리가 사귄 지 3개월도 되지 않아 결혼하고 싶다는 의사를 드러내자 여자는 깜짝 놀랐다.

여자는 메시지를 읽고도 답을 하지 않았고 급기야 전화도 받지 않았다. 심지어 생각할 시간을 가지자고 하며 제리의 정성 어린 데이트 신청을 완곡히 거절하기도 했다. 제리는 하루 종일 넋이 나간 사람처럼 굴었다. 우리는 제리에게 얼른 정신을 차리라고 이야기했지만 그는 왜 전화가 오지 않는지 휴대폰에 집착하며 메시지 알림이 울릴 때마다 일희일비했다.

가족들도 제리의 그런 태도를 이해하지 못했고, 회사의 관리자까지 업무에 집중하라고 경고했다. 사정을 모르는 사람은 제리가 인격 분열을 일으킨 건 아닐까 생각할 정도였다. 제리가 알게 된 지 90일도 안 된 사람 때문에 상처를 받았다는 사실은 전혀 알지 못했다.

관계에서 당연히 얻어지는 것은 없다
—

한 번 만났다고 호감을 느낀다는 뜻인가? 손을 잡으면 사귄다는 의미인가? 입을 맞추고 잠자리를 가지면 서로의 관계를 인정한 것인가? 지금 이 시대에는 정해진 사랑의 법칙이 존재하지 않는다. 그저 "지금 당장은 가능하다", "상대방의 의도를 간파했지만 입으로는 말하지 않는다"와 같은 분위기를 느낄 뿐이다. 우리는 조화로운 사랑의 노래에 맞춰 함께 춤을 출 수 있다. 그러나 선율이 끝나고 나면 마치 궁지에 빠진 것처럼 머쓱하게 헤어진다. 눈빛을 확인하고 심리 상태를 새롭게 해석해도 먼저 진지해지는 쪽이 지는 것이다.

항상 연애에 진지하지 않은 사람을 만난다고 자책하고 다시금 마음의 문을 닫을 필요 없다. 대신 자기 자신에게 "서두르지 말자. 조금 천천히, 그리고 더더욱 천천히"라고 다짐하고 서로를 알아가는 데 시간을 들이자. 대화를 나누는 단계에서 사귀는 단계까지 공감대와 흥미를 찾고, 각자 사랑에 대한 인생관, 가치관, 세계관을 나누고, 과거에 겪었던 문제와 해결 방식에 대해 이야기해보라. 연애의 기술로 성급함과 불안감을 없앨 수 있다.

수많은 고난을 거쳐야만 행복이 오는 건 아니다
—

난관에 부딪혔을 때, 우리는 종종 책을 뒤적이며 답을 찾거나 친한 친구에게 의견을 물어본다. 그리하여 얻은 결과는 대부분 다음과 같다.

"자기 자신에게 시간과 공간을 허락하면 나와 맞는 사람이 절묘한 순간에 '짠' 하고 나타난다!"

당신은 사랑을 대할 때 짐짓 대범한 척할 수도 있고, 만족한 척할 수도 있지만 2가지 태도가 정의하는 것은 완전히 다르다. 그 누구도 영원하고 진실한 사랑을 보장할 수 없지만 당신은 지금 이 아름다운 시절에 최고의 행복을 느낄 수 있다.

즐겁고 만족스러운데 군이 틀에 박히고 편집적인 생각을 요구할 필요가 있을까? 왕자와 공주가 반드시 수많은 고난을 거쳐야 비로소 행복한 날들을 맞이하는 것은 아니다. 어차피 미래는 알 수 없다. 그러니 모든 것을 현재의 느낌대로 흘러가도록 내버려두는 것이 좋지 않을까?

과거에 우리는 성공적인 사례를 틀에 박힌 듯 따라 해야만 비슷한 결과를 얻을 수 있다고 생각했다. 그러나 지금은 옛날과 다르다. 대다수의 경우 우리는 마음속의 선량한 천사와 조화를 이루기를 바란다. 그래서 정직하고 모험적인 샛길로 빠지지 않아야 비로소 내면의 악마에게 지지 않는다고 생각한다. 그러나 막다른 상황에 이르면, 우리가 외면해온 어두운 면이나 감정을 마주해야 할 때가 온다. 그럴 때 그것들이 우리가 진정으로 원하는 것임을 깨닫는다.

현재를 살아가면 더 소중한 것을 깨달을 수 있다. "쉽게 얻은 것은 쉽게 잃는다"는 말처럼, 진정한 사랑은 시간을 들여야 얻을 수 있다. 그리고 더 편안하고 안정적인 관계를 유지하게 된다. 사랑을 이야기하는 방식도 이제 예전의 고정된 생각을 넘어야 한다. 현재 우리가 원하는 것에 집중하고, 아직 완성되지 않은 것들에 대한 아쉬움을 줄여보자. 포스트 코로나 시대를 살아가는 우리에게는 이런 새로운 관점이 더 큰 안정감을 준다.

기준을 낮추면 더 다양한 관계를 맺을 수 있다

—

시간은 항상 인정사정없이 인생의 좋은 것과 나쁜 것들을 가져간다. 그 과정에서 당신은 상처를 받고 후회도 남는다. 현재를 즐기는 당신은 자신을 잘 가꾸고, 자신의 감정을 중시하며 지금 하는 일에 즐거움을 느끼고 후회하지 않을 결정을 내리기를 바란다.

설령 당장은 좋은 일이 일어나지 않더라도 당신이 완벽하지 않다거나 못난 사람인 게 아니라 그저 '아직 오지 않은 미래'를 향해 나아가는 것일 뿐이다. 지금 당신이 해야 할 일은 더욱 자유롭고 착실하게 하루하루를 보내는 것이다.

설령 마음속에 걸핏하면 부정적이고 어두운 심리가 떠올라도 괜찮다. 자신이 받은 상처를 솔직하게 직시하고, 문제의 배후에 담긴 의미를 생각해보자. 그러면 훗날 우리를 소중히 대해주는 사람을 만났을 때, 자신의 가치를 깨달을 수 있고 실수도 훨씬 줄어든다.

삶은 이미 충분히 바쁘고 혼란스러운데, 사랑을 너무 진지하게 대하는 사람들이 많다. 추억은 우리를 시험하지만 동시에 즐거움을 선사한다. 당신이 정한 기준과 원칙을 좀 느슨히 풀어줘라. 그리고 고집스러운 경계심과 세속적인 틀을 던져버리자.

우리의 인생을 스쳐 지나가는 나그네 중에는 재미있는 사람도 있고 따분한 사람도 있다. 흑백일 수도 있고 컬러일 수도 있지만 어느 쪽이든 당신이 풍부한 인생을 그려나갈 수 있도록 하늘이 선사한 물감이다.

04

나하고 맞지 않는 사람은 과감히 정리하자

"당신을 이용하는 사람에게 시간을 주지 마라.
당신의 시간을 소중히 여기는 사람에게 주어라."
- 브렌든 버처드

친구 제시와 상하이에 있는 남자친구는 코로나로 도시 봉쇄
가 되기 전에 헤어졌다. 이별 후 3년이 넘는 시간 동안 각자의 인
생을 나아가게 되었다. 모든 일이 지나가고 지금은 서로 무탈하
게 잘 지내지만 미완성인 사랑에 미련이 남는 것은 어쩔 수 없
었다.

사람은 일정한 나이가 되면 과거를 더 이상 빈번하게 추억하
지 않는다. 좋은 일이든 나쁜 일이든, 미움이든 진실한 사랑이든
혹은 마음속에 깊이 새겨진 지나간 사랑이든 말이다. 심지어 다
른 누군가가 나타나 이별의 슬픔을 메워주기도 하고, 못다 한 약
속을 이루어주기도 한다. 어느 날 밤에 제시는 지나간 추억을 이
야기하면서 눈시울을 붉히며 미련과 좌절감을 드러냈다. 당시의

상황이 달랐다면 다른 결과를 맞이할 수 있지 않았을까.

시간은 현실적이고 잔인해서 서로 사랑하는 두 사람에게 시작을 선사했지만 끝까지 함께할 과정과 결과는 허락하지 않았다. 이제는 친구를 사귀고 싶다면 주변의 소개가 아니라 인터넷의 사회관계 플랫폼을 이용해야 한다.

처음에는 이상형이었지만 시간이 지날수록 함께할 사람이 아니라는 것을 느끼는 경우도 있다. 반대로 언뜻 마음에 들지 않은데, 사귀다 보니 서로 잘 맞고 말하지 않아도 서로를 이해하는 친구가 되기도 한다. 항상 마음이 설레기는 하지만 마음이 편하지 않는 사람도 있다.

찰스 다윈의 적자생존 이론처럼, 각 세대의 감정은 끊임없이 진화하며 사람들은 마치 윤회처럼 반복되는 시련을 겪는다. 어려움을 이겨내고 얻은 성공에 기뻐하고, 실패 후에 다시 일어나는 이유는 결국 이상적인 사랑을 얻기 위해서다.

끊임없이 변화하는 감정에 상대를 끼워 맞추지 마라
—

우리는 그토록 사랑을 갈망하는데, 과거에 받은 깊은 상처를 극복하고 다시 마음을 내주려면 도대체 얼마나 큰 용기와 자신감이 필요할까? 특히 나이가 들어갈수록 고려할 사항이 더욱 많아진다. 그래서 당신은 반복적으로 문제의 원인을 고민하며 심지어 자신은 "사랑에 적합하지 않은 사람"이라는 결론을 내려버리고 사랑을 단념한다.

그러나 사랑 때문에 몸부림치는 가운데 당신은 사랑의 축복을 얻으려고 시도한다. 비록 열심히 사랑하더라도 대부분 "느낌이 없다", "미래가 보이지 않는다", "안정감이 부족하다"라는 이유로 관계가 끝날 가능성이 있다. 빈번한 시험에서 항상 조심스럽기만 하고 그저 상대방에게 걸림돌이 될까 봐 걱정한다.

아무 의미 없는 부정적이고 비관적인 감정을 버리면 어떨까? "우리가 정말 함께할 수 있을까?", "메시지를 보내도 읽기만 하고 답이 없는데 그 사람이 혹시 나 몰래 바람을 피우는 건 아닐까?", "내가 정말 상대에게 어울리는 사람일까?"와 같은 걱정은 당신의 상상일 뿐이다.

이는 인생의 발전과 계속되는 변화에 아무런 도움이 되지 않는다. 부정적인 사고로 인한 징크스를 깨는 유일한 방법은 더 이상 머릿속에 쓸데없는 생각을 주입하지 말고, 미래를 제대로 보는 연습을 하는 것뿐이다. 그래야 주파수가 맞는 사람을 만나 서로 사랑할 수 있다.

서로를 옭아매는 관계는 정리가 답이다

—

결국 답을 찾지 못한 채 마침표를 찍어버려 미련과 슬픔만 남았더라도 당신은 여전히 웃으면서 하늘의 섭리를 받아들일 수 있다. 더 이상 어떤 관계도 남아 있지 않고 연락도 없지만 스스로 마음에 부끄러움이 없다면 자책할 필요 없다.

그저 '담담하게 상대방이 잘되도록' 바라기만 하면 된다. 당신에게는 살아가야 할 삶이 있고, 그 사람에게도 앞으로 나아가야할 길이 있다. 더 이상 서로를 옭아맬 필요 없다. 새로운 인생에서 마음을 나눌 사람을 만나는 것이 당신이 풀어나가야 할 과제이다.

어쩌면 처음에는 지나간 사랑이 아쉬울 수도 있고, 더 이상은 사랑하지 않겠다고 다짐할 수도 있다. 순간적으로 관계가 끊어져 내 삶에서 사라져버린 사람 때문에 정신을 차리기 힘들고, 그가 없는 삶에 적응하기 힘들 수도 있다. 그렇다면 마음을 가라앉히고 곰곰이 생각해보자. 상대에 대한 집착과 미련을 내려놓는 것은 미래를 위한 시작이다. 당신은 여전히 기억되고, 사랑받고, 보호받을 가치가 있는 사람이다. 다음번에 진심을 다하는 사람을 만나면 그는 당신의 모든 것을 사랑해줄 것이다.

쉬운 만남은 있어도 쉬운 관계는 없다

—

내 곁에 누구라도 있으면 좋겠다고 바란 나머지 아무렇게나 사랑을 시작하기도 한다. 먼저 사귀고 나중에 서로 맞춰가면 된다고 생각하며 서로 맞지 않는 부분을 알고도 눈을 질끈 감아버린다. 이렇게 찾아낸 사람은 절대 당신에게 어울리는 상대가 아니다. 심지어 두 사람의 관계를 인정하도록 상대방을 몰아세우고, SNS에서 애정을 과시하며 관계를 만천하에 선포한들 결국 흐지부지하게 끝나고 만다.

이해라는 기초 없이 세워진 감정은 기껏해야 3주 만에 본래의 정체를 드러낸다. 처음에는 서로 이해하고 맞춰나가려고 하겠지만 나중에는 상대방이 진지하지 못한 데다 가치관이 다르다는 사실을 발견하고 헤어질 수밖에 없다. 그런 다음 팔로우를 끊고 터무니없었던 만남에 종지부를 찍는다. 이는 당신의 잘못이 아니라 그저 마음이 너무 조급해서 발걸음을 서둘렀기 때문이다. 외로움에 휘둘려 비이성적인 시작을 했고, 감성적인 결말을 맞이했을 뿐이다.

한 사람의 삶은 다른 한 사람과 함께하며 앞으로 나아갈 준비를 하고 서로 주파수를 맞춰가는 연습이다. 사랑이란 원래 쉽지 않다. 그저 당신이 너무 쉽게 생각했을 뿐이다.

조급하게 다가가지도 말고,
아쉬움에 뒤돌아보지도 말라

—

어떤 사랑, 어떤 사람을 만나든 서로 함께했던 시절의 좋은 추억만 남기면 된다. 해결할 수 없는 문제에 매달리거나 이해할 수 없는 의미에 집착하지 말자. 비록 계속 이어질 인연이 아니었지만 당신은 성숙한 어른이 되는 법을 배웠다. 그러니 용감하게 이별을 마주하는 것이 사랑의 상처에서 벗어날 수 있는 유일한 방법이다. 관계를 다시 회복할 수 있다는 기대로 추억 속에서 살아가서는 안 된다. 감정에 휘말려 서로를 미워하거나 후회하면서, 마음 한구석에 미련을 남겨두는 것도 좋지 않다.

종착역까지 갈 수 있을지 없을지는 자기 자신에게 달려 있다. 자신에게 잘하는 것이 잘 살아가는 것이다. 상대방의 마음이나 상황은 전혀 고려하지 않고, 혼자만의 감정에 빠져 사랑을 계속 이어가려 하지 말라. 혼자서만 진지하게 최선을 다한 사랑은 밑 빠진 독에 물을 붓는 것과 같다. 아무런 의미도 없을 뿐만 아니라 아이러니한 일이다.

05

서로를 인정하는 순간 마음의 거리가 좁혀진다

"당신이 진정 사랑하는 것의
신비로운 끌림에 조용히 이끌려보라.
그것은 당신을 잘못된 곳으로 이끌지 않는다."
─무하마드 루미

아직 세상 물정에 어두운 말투, 풋풋한 외모, 그럭저럭 살아가는 듯한 태도. 젊은 사람들이 이렇게 살아가는 이유는 내일을 생각하지 않기 때문이다.

젊음이 밑천이라는 말이 있다. 청춘을 다해 열심히 도전하고, 용기 있게 도전해서 실패하더라도, 사람들은 그것을 탓하지 않는다. 젊음은 활력의 상징이다. 사랑과 사람을 끌어당기는 향기, 제멋대로 흘리는 땀과 눈물, 핑크빛 환상을 도발하는 욕망을 사랑하지 않는 사람은 없다.

미국 드라마 〈섹스 앤 더 시티(Sex And The City)〉에 나오는 주인공 중 한 명인 사만다와 성격이 비슷한 샌디라는 친구가 있다. 항상 주도적이고 적극적이며 대범하고 상대를 강하게 휘어잡는 듯한 인상을 주는 친구이다.

샌디는 최근 몇 년 동안 왕성하게 일해서 현재 안정적으로 회사를 경영하고 있다. 비록 사업은 성공했지만 사생활에서 남자 친구가 계속 바뀌었다. 다른 사람들에게는 그저 친구일 뿐이라고 했지만 그 말을 듣고 다들 회심의 미소를 짓는다.

남자 친구의 주기는 마치 콘택트렌즈의 수명과도 같았다. 하루, 한 달, 계절마다 바뀌었다. 우리는 일정한 시간 간격을 두고 갈팡질팡하는 샌디의 모습을 볼 수 있었다. 그녀는 우리에게 이야기했다.

"연애는 서로 필요한 것만 얻으면 되는 거야. 동화 따위는 없어. 서로 책임감을 가지고 얽매이지 않는 게 가장 진심으로 상대를 대하는 방법이야."

샌디의 애정관은 냉정하고 질척임도 없지만 그 과정에서 받는 스트레스와 위험도가 높았다. 일반적인 사람이 감당할 수 있는 것이 아니었다. 샌디를 만난 사람 중에는 그녀와 헤어지고 분명 눈물을 흘리며 인생에 회의를 느낀 사람도 있을 것이다.

어쩌면 이런 성격 때문에 샌디는 생각이 서로 통하는 도시의 남녀들을 매료시켰다. 대다수는 샌디의 의견에 두 손 들어 찬성하며 시원시원한 성격을 부러워한다. 바쁘게 살아가는 사람들 사이에는 사랑은 사치스러운 욕망이라고 생각하는 분위기가 더욱 커졌다.

세대 차이는 극복하는 것이 아니라 받아들이는 것이다

—

한 사람의 일생은 너무 길어서 어떻게 해야 자신의 감정을 가득 채울 수 있을지 모른다. 반대로 두 사람이 함께하는 삶은 너무 짧아서 서로의 원칙을 어떻게 타협하고 양보해나가야 하는지를 모른다.

직장에서는 일만으로도 충분히 짜증 나고, 인간관계를 위해 원하지도 않는 연기를 해야 하며, 생계의 압박까지 받는다. 그래서 '마음 편하고 당당한 연애'를 꿈꾸지만 사실은 너무 요원한 일이다. 도대체 얼마나 많은 시간 동안 정성을 들이고, 얼마나 많은 에너지와 상상력을 동원해야 하는지 가르쳐줄 사람도 없다.

어느 정도 나이가 들면 자신에게도 젊고 활기찬 에너지가 필요하다는 것을 깨닫는다. 새로운 세대의 언어를 이해하고, 새로운 가치관을 따르며 심지어 단순하고, 직설적이고, 귀여운 젊은 이들을 동경한다. 그러면서도 아무것도 모르는 그들이 자신을 귀찮게 하지 않기를 바란다. 말이 많지 않고 조용한 것이 가장 좋고, 어린아이 시절로 돌아간 것처럼 기분 좋게 잠들어주면 좋겠다.

젊은 사람들은 안정감을 느끼며 기댈 수 있는 존재를 찾고 싶다. 누군가 책사처럼 의견을 제시해주고, 성숙한 어른으로서 자신을 포용하고 격려해주기를 바란다. 그러나 두 사람이 함께하는 현실로 돌아오면 그들은 수시로 인격을 바꾼다. 잔소리하는 어른과는 오랜 시간 같이 지내고 싶어 하지 않는다. 심지어 "그만 좀 해요. 도대체 언제 끝낼 거야"라고 생각하기도 한다.

두 사람은 신데렐라의 이야기처럼 시간이 지나면 일분일초도 지체 없이 모든 것이 원래의 상태로 돌아간다. 서로를 위해 한 치도 양보하지 않는다. 각자 필요한 것만 얻고 자기감정에 따라 행동하는 것이 요즘 사람들의 추세인 것은 분명하다.

나의 기준으로 상대를 판단하지 마라
—

서로 마음의 문을 열려고 노력해도 함께하다 보면 서로의 가치관과 경제관이 다르다는 사실을 깨닫고 더 많은 갈등에 휩싸인다. 냉정을 되찾은 후 당신은 너무 젊은 사람과의 연애가 나쁠 것은 없지만 서로 소통하기 위해서는 더 많은 시간을 들여야 한다는 사실을 깨닫는다. 그러나 당신의 말을 들어줄 사람이 과연 몇이나 될까? 직접 겪기 전에는 깨닫지 못하는 젊은 사람들은 아무리 좋은 말로 조언을 해도 이해하지 못한다.

설령 조숙하고 사회에 비교적 일찍 발을 들였다고 하더라도 적정한 나이가 되지 않으면 경험도 부족하고 처세도 잘 모른다. 더욱이 어른의 옷을 입고 있을 뿐인 젊은이들은 현실에 맞지 않는 터무니없는 말을 한다. 각자의 입장에서 상대에게 지지 않으려고 고집을 피운다. 상대의 말에 일리가 있다는 것을 알면서도 자존심을 굽히지 않는다. 몇 번은 너그럽게 받아들이다가도 결국 두 사람이 마음의 거리를 좁힐 수 없다는 것을 깨닫는다.

그러나 윗세대의 정해진 틀로 그들을 채찍질해서는 안 된다. 감정은 업무처럼 가르칠 수 있는 것도 아니다. 걸핏하면 가르치려 들지 말고 먼저 융통성을 배워야 한다. 사랑에는 다양한 길이 있다. 절대 자신의 엄격한 기준으로 가로막아서는 안 된다. 마음을 좀 더 느긋하게 가지고 좀 더 긴장을 풀면서 사랑이 이끄는 대로 내버려두는 것은 어떨까. 그러면 당신도 분명 더욱 호감 있는 사랑스러운 존재로 변화하게 될 것이다.

가끔은 무조건 받아들이는 것도 필요하다

—

오랜 세월 살아오면서 우리는 이미 만성적으로 세속화되었다. 매사를 결정할 때 선입견을 가지고 이해타산적으로 생각하기 쉽다. 뿐만 아니라 무슨 일이든 장점을 보기보다는 선입견을 가지고 꼬리표를 붙인다.

"나이가 몇인데, 꽃보다는 차라리 현금이 더 실용적이지", "저녁을 먹었으면 얼른 집으로 돌아가야지, 산책은 무슨 산책이야.

낮에 일하느라 너무 피곤해." 이처럼 상대방이 애써 생각해준 배려에 찬물을 끼얹는다. 좋은 감정을 사라지게 만들 뿐만 아니라 무의식중에 상대방을 괜한 짓만 하는 사람으로 만들어버린다.

다른 관점으로 생각해보면 젊은 사람과의 연애에서 가장 큰 장점은 순수함을 느낄 수 있다는 점이다. 순수함은 나아가 당신의 삶과 일뿐 아니라 두 사람의 관계를 꾸려나가는 데도 영향을 미친다. 당신은 발걸음을 늦추고, 점차 다른 관점과 시각으로 사물을 대할 수 있다. 어린아이처럼 순수하고 거짓 없는 마음과 점점 더 젊고 생기 있게 살아가는 비결이다.

06

진정성은 인간관계의 첫 번째 법칙

"진정성이란, '우리가 되어야 한다고 믿는 사람'을 놓아주고
'지금의 나'를 껴안는 매일의 연습이다."
– 브레네 브라운

타이베이는 발걸음이 상당히 빠른 도시다. 우리는 많은 노력을 들여 효율을 추구하고, 숫자로 말하며, 스스로 추구하는 삶의 리듬을 만들어간다. 그래서 어느 순간부터 당신의 일상을 보여주는 것이 일종의 본능이 되었다.

명품 가방을 메고, 미슐랭 레스토랑에서 사진을 찍고, SNS에 남자친구가 사준 커플링이나 온 가족이 해외여행을 하며 찍은 사진을 자랑하고, 혹은 친구와 길모퉁이 카페에서 커피를 마시는 여유로운 모습을 보여준다. 하지만 이런 자랑 뒤에 숨겨진 것은 지기 싫어하는 마음과 열등감, 초조함이다.

아이러니하게도 우리는 잘 살아가기를 바라면서도 불안해하고 걱정한다. 너무 잘 살아간다고 여길 때, 그 이면에는 항상 치

러야 할 대가가 숨겨져 있다. 그 대가는 때로 참혹하고, 허세로 가득 차 있으며, 황당하고 기이한 모습으로 나타나기도 한다.

릴리는 내가 패션잡지사에서 편집을 맡았을 때 알게 된 친구이다. 그녀는 스물넷이라는 창창한 나이에 심각한 조울증을 앓고 있었다. 하지만 그녀가 조울증을 앓고 있다는 사실은 몇몇 친한 친구들만 알고 있었다. 릴리는 체면을 중시하고 지기 싫어하는 성격이어서 다른 사람이 자신을 동정 어린 시선으로 바라보며 지나친 배려를 할까 봐 두려웠다. 그래서 일할 때와 사생활에서 2개의 얼굴을 지니고 있었다.

대부분의 경우 릴리는 성격이 좋고 영리하며 꼼꼼하게 남을 배려하는, 칭찬받을 자격이 있는 자신감 넘치는 여자였다. 때로는 연예인보다 훨씬 연예인처럼 자신을 꾸민다. 아름다운 옷을 입고 손에는 명품 가방을 든다. 마치 시상식 레드 카펫을 걷는 듯 행동한다.

그러나 깊은 밤이 되면 초조함과 우울증이 찾아와 어두운 지옥에 빠져든다. 부정적인 감정이 바닥을 치고, 모든 일에 무기력했다. 릴리는 집에 틀어박힌 채 침대에 누워 꼼짝도 하지 않았다. 종종 연락이 끊겨서 사나흘 동안 아무 소식이 없었다. 배터리가 없어 휴대폰이 꺼져 있을 때도 있었다. 사적으로는 진정한 친구도 없었으니 진실로 사랑하는 사람이 있을 리 없었다. 릴리는 정상적인 인간관계를 원했다. 하지만 다른 사람들이 자신의 어둠고 초라한 상처를 볼까 봐 두려워 가까이 다가오지 못하게 했다.

솔직한 자신을 드러낼수록 좋은 사람들이 다가온다
—

어두운 감정이 찾아오면 그것은 당신의 좋은 기분을 잠식하고, 다른 사람들과 어렵게 쌓아온 신뢰와 좋은 감정을 단번에 무너뜨린다. 일도 뜻대로 되지 않아 자책하고 두려워하기 시작한다. 일과 생활에도 영향을 끼치지만, 아무도 당신의 고충을 알아주지 않고 오히려 당신을 비난한다. 그렇지 않아도 속수무책인 상황에서 갈수록 당황하게 되고, 곤경이 되풀이되면서 점점 더 안개 속으로 빠진다.

도피하고 싶은 마음과 열등감을 비롯해 감정 기복도 심하다. 당신은 여기저기서 비난만 받고 경악스러울 정도로 황당한 상황들이 번갈아 펼쳐진다. 급기야 당신은 사랑을 문밖으로 밀어내 버린다. 심지어 당신에게 사랑이란 평생 만져보지도 못할 존재가 되기도 한다.

부디 자기 자신을 믿어라. 당신이야말로 스스로 상처를 치유할 수 있는 최고의 의사이다. 사랑 앞에서 용감하게 마음의 문을 열고, 사람을 좀 더 신뢰하며 용감하게 진실한 자신을 드러내라. 당신이 누구이든, 어떤 역할을 맡고 있든 분명 당신의 연약함을 봐주고 아껴주며 사랑해줄 사람이 나타날 것이다.

당신은 자신을 돕는 최고의 조력자
—

당신은 항상 불안에 떨며, 인생에서 맞닥뜨릴 어려움을 헤쳐 나가는 데 도움을 줄 조력자를 찾으려 한다. 하지만 세상에 대한 이해가 깊어지고 나면, 진정한 조력자는 자기 자신이라는 것을 깨닫게 된다. 마음이 건강한 사람이라면 어떤 일을 하든 원하는 대로 이루어질 것이고, 반대로 마음이 얽힌 사람은 계속해서 어려운 상황에 직면하게 된다. 그러다 보면 마치 잔물결처럼 불운이 점차 다가오고, 당신도 모르게 그 속에 휘말리게 될 것이다.

성별이나 사회적 지위를 막론하고 사람은 누구나 사랑하려면 용기와 자신감, 에너지가 필요하다.

더 이상 자기 자신을 속이지 말고, 될 대로 돼라는 식으로 살아가지 말자. 자신이 하는 모든 행동을 성실하게 마주하고, 진실을 정확히 파악하며 인생의 우여곡절을 마주하는 법을 배우자. 당신에게 에너지와 자신감이 충만하고 마음이 편안할 때, 모든 일은 행운의 신이 찾아온 것처럼 순조롭게 풀린다. 그 전에 당신은 규칙을 타파해 현재의 상황을 변화시키려고 좀 더 노력해야 한다.

또한 남들과 다른 영혼과 다양한 인격을 지닌 자신을 인정해야 한다. 결정을 내렸다면 필사적으로 나아가고, 다른 사람보다 뒤처질까 봐 걱정하지 마라. 나 자신을 되찾을 수 있다면 제자리걸음만 하던 과거보다 훨씬 강해질 수 있다.

나에게 맞지 않는 역할에서 빠져나와라
—

늘 스트레스 속에서 살아가는 우리는 어떻게 하면 더 잘 살아갈 수 있을지, 삶을 한층 더 업그레이드하고자 노력한다. 우리는 항상 신경을 팽팽하게 곤두세우고 능력이 있든 없든 상관없이 언제든지 자신을 완벽하게 보여주려고 한다. 그 과정에서 우리는 길가의 아름다운 풍경과 누군가 자신에게 건넨 말, 하루 동안 느낀 진실한 감정을 소홀히 한다.

신체의 피로는 잘 자면 회복된다. 그러나 아무리 잠을 잘 잔다고 해도 남겨진 상처와 그로 인한 빈틈으로 인해 마음의 평온을 얻을 수는 없다. 이런 상황이 길게 지속되면 영혼 깊은 곳의 자아를 느낄 수 없고, 억압된 감정은 점점 쌓여서 언제 폭발할지 모른다.

삶에서 어떤 역할을 맡고 어떤 사람을 본받든 당신은 능숙하게 연기를 해낼 수 있지만, 언제든지 그 역할에서 빠져나올 수 있어야 한다.

　이 세상은 이미 충분히 복잡하고, 누구나 상처투성이가 된 채 살아가고 있다. 나답게 살아가면서도 얼마든지 사랑할 수 있다. 당신이 받은 상처, 헛된 노력, 당신을 소중히 여겨주지 않는 사람과의 만남은 모두 고이 내려놓고 편안한 마음으로 마주하자. 우리 모두는 스스로 선택함으로써 희망을 찾을 수 있다. 사랑은 때로 잔인하게 갈등의 문을 열어젖히지만 관계를 끊고, 버리고, 떠나면 근심 없이 자유를 만끽할 수 있다.

07

관계는 주어지는 것이 아니라 선택하는 것이다

"두 인격의 만남은 두 화학물질의 접촉과 같다.
반응이 일어난다면, 두 사람 모두 변화하게 된다."
– 카를 구스타프 융

청춘의 실수, 안녕을 고하지 않는 이별 스토리는 매일 이 도시
에서 상연된다. 그렇기 때문에 우리는 종종 후회라는 두 글자를
내뱉는다. 상대가 떠날 때 내가 상대를 더 소중히 여겼더라면, 그
때 내 감정은 내려놓고 상대를 좀 더 이해했더라면 나는 지금 더
잘 살아가고 있을지도 모른다.

베이징에 살던 친구 지미는 장장 8년이나 사귄 여자친구 줄리
와 결혼을 앞두고 있었다. 두 사람은 연인이자 업무적으로는 상
사와 부하직원이었다. 낮에는 함께 일하는 파트너이면서 사적으
로는 딱 달라붙어 떨어질 줄 모르는 연인이었다. 사이가 좋았던
두 사람은 숨을 돌릴 겨를도 없었다. 그러나 나중에 두 사람의 입
을 통해 다음과 같은 사실을 알게 되었다.

"일이 너무 바빠서 다른 사람을 알아갈 기회가 없었어. 일도 중요하고 결혼도 하고 싶었거든. 물가에 가까이 있는 누대에 달빛이 먼저 비춘다고 하잖아. 그래서 눈 딱 감고 연애를 했지. 다른 생각은 할 겨를도 없이 묵묵히 사귀다 지금까지 이르게 된 거야."

다만 결말은 모두의 예상과 달랐다. '왕자와 공주는 그 후로도 행복하게 살았답니다'가 아니었다. 회사 대표의 명령이 떨어지면서 비행기 티켓이 딸려 왔다. 줄리는 승진하여 베트남 공장의 총괄관리자로 임명되었다.

승부욕이 강한 줄리는 최선이자 최악의 방법으로 지미와 이야기하기 위해 노력했다. 오랫동안 기다려온 기회가 찾아왔고, 결국 두 사람은 함께 베트남에 가지 않고 장거리 연애를 시작했다. 두 사람의 나이는 마흔에 가까웠다. 비록 결혼이라는 속박은 없었지만 업무 관계의 속박이 있었다.

오랫동안 고민하던 지미는 차라리 순간의 고통을 참는 편이 낫겠다고 생각했다. 그는 줄리가 자신의 꿈을 좇을 수 있도록 놓아주었다. 아쉬운 이별이 찾아왔다. 두 사람은 공적으로도 다시는 의견을 맞출 일이 없었고, 사생활에서의 친밀함도 사라졌다. 그렇게 처음 알게 되었을 때처럼 서로 존중하는 동료 관계로 돌아갔다.

상대가 원한다면 놓아줄 수 있어야 한다

———

사랑은 항상 총총히 왔다가 총총히 떠나간다. 진정한 해답을 얻지 못한다면 나이가 들어감에 따라 관계를 끝낼 때의 쓸쓸함과 미련, 후회가 더욱 자신을 괴롭힌다. 마음에 맺힌 응어리가 풀리지 않는다면 또다시 사랑을 시작할 때 실패하게 될까 봐 두려운 감정이 앞선다. 그런 마음으로 상대방을 대하면 새로운 생활을 담담하게 받아들이거나 누릴 수 없다.

사랑에는 여러 가지 감정이 있다. 물론 여기에는 순간적인 호감도 포함된다. 그러나 동시에 수많은 복잡한 감정을 키워나간다. 이를테면 욕망과 이기심 같은 감정이다. 그래서 당신은 항상 걱정하고, 과거의 쓸쓸함과 미련, 기억 속의 아픔과 분노를 되새기면서 과거의 자신을 용서하지 못했다는 사실을 발견할 수도 있다. 청춘은 힘들고 부담스러운 부분도 있지만, 그 시절을 지나면서 우리는 성장하고 앞으로 나아간다.

마음을 편안하게 먹고 깨달아야만 진정한 사랑이 이전과는 다른 형태로 찾아온다. 당신이 진정으로 상대방을 놓아줄 수 있는 그날, 당신은 드디어 사랑하는 법을 배우고 자유를 얻는다.

마음이 단단하면 더 이상 후회하지 않는다
—

젊었을 때 바보 같은 짓을 저지르지 않은 사람이 어디 있을까. 그러나 인생의 여정을 이미 선택했다면 각자 최고의 준비를 해야 한다. 과거에 겪었던 시련, 인연이 없었던 관계에 대한 미련, 슬픔으로 흘린 눈물, 뒤척이며 잠 못 이루던 상처는 지금 생각해 보면 아직 어려서 경솔했던 것이다. 그러나 사실은 가장 순진하고, 기억 속에 가장 깊이 심어진 사랑이었다.

어느 날 신이 당신에게 옛 연인과 다시 만날 기회를 준다면 당신은 그 사람에게 무슨 말을 하고 싶은가? 또 어떻게 해야 후회를 남기지 않을 수 있을까?

지금의 당신은 더 이상 후회하지 않을 수도 있다. 혹은 감정을 마주하는 법을 깨달아 후회가 조금은 줄어들지 않았는가? 그러나 모든 것에 최고의 답은 없다. 하지만 당신은 이미 스쳐 지나간 연인을 놓아주는 연습이 필요하다는 사실을 깊이 깨달았을 것이다.

자신에게 좀 더 솔직해지면 어떨까. 그때 당신은 너무 어려서 세상 물정도 몰랐고, 문제를 해결하고 책임질 능력도 없었다. 누군가는 항상 당신의 마음을 아프게 했고, 누군가는 약속을 지키지 않았고, 누군가는 몰래 바람을 피웠지만 일단 당신의 마음이 단단해지면 더 이상 무정한 관계에 속박당하지도 않고 아쉬움을 짊어진 채 살아가지도 않는다.

　삶을 선택할 수 있다는 것을 알게 되는 순간 당신은 누군가를 사랑할 능력을 되찾게 될 것이다. 적어도 과거에 놓쳐버렸던 이야기를 위해 다시 한 번 노력할 수 있다.

08
너를 위해서가 아닌 나를 위해서

"다른 사람을 기쁘게 하려다 보면,
결국 가장 중요한 자신을 잃게 된다."
– 레슬리 베네츠

군복무를 하던 시절 첫사랑이었던 여자친구와 헤어졌던 지브라는 친구가 있었다. 두 사람의 이별은 실로 참담했다. 혈기 왕성했던 두 사람은 각자 팔에 상대방의 이름을 타투로 새겼다. 그리고 지브는 제대하면 정말 친한 친구들만 참석한 자리에서 여자친구에게 청혼하기로 했다.

모든 것이 잘 풀리는 것처럼 보였지만 지브보다 여섯 살 연상인 여자친구는 그가 제대할 때까지 기다리지 않고 떠나버렸다. 그녀는 "미래가 보이지 않고, 더 이상 시간을 낭비하고 싶지 않다"라는 이유로 3년간의 사랑을 일방적으로 끝내 버렸다. 복무 중인 지브는 이로 인한 충격을 견디지 못했다. 몇 번이나 친구들에게 전화를 걸어 죽고 싶다고 하소연했다. 심지어 양쪽 집

안 어른들이 부대까지 찾아가 지브를 구제할 방법을 의논하기도 했다.

결국 여자친구가 떠났다는 현실을 지브가 묵묵히 받아들이며 끝났다. 그런데 두 사람 사이에는 헤어질 징조가 전혀 없었고, 서로 다투거나 냉전을 벌인 적도 없었다. 남자의 입장에서는 단순한 변심이라고 할 수밖에 없었다. 3년이 넘는 시간 동안 나눈 사랑이 허무하게 끝났다. 지브의 여자친구는 왜 선의의 거짓말조차 하지 않았던 것일까?

헤어지고 반년이 지났을 무렵 어느 날 밤, 여자친구가 지브에게 전화를 걸어 왔다. 그녀는 지브에게 당시 자신이 임신 중이었으며 아이의 아빠는 지브가 아니었다고 이야기했다. 지브를 위해 뒤도 돌아보지 않고 헤어지자는 이야기를 꺼낼 수밖에 없었다는 것이다. 그 말을 듣고 지브는 다시 한 번 무너졌다. 단순한 변심이 아니라 바람을 피웠던 것이다. 지브는 여자친구의 말에 완전히 단념해버렸다. "다 너를 위해서였어! 네가 나보다 더 나은 여자를 만났으면 해서 그랬던 거야."

친구들은 자초지종을 듣고 지브가 어리석었다고 느꼈을 뿐만 아니라 여자의 무책임함에 놀랐다. "다 너를 위해서였어"라는 말로 책임감을 떠넘긴 것이다. 그러나 "다 너를 위해서였어"라는 말은 확실히 효과가 있었다. 이 말은 한 사람을 순간적으로 무너뜨리고, 양심의 가책을 느끼게 했다. 심지어 모든 것이 자기의 잘못으로 벌어졌다고 생각했다. 지금의 지브는 이미 과거에서 벗어나 젊은 시절의 어리석음을 내려놓고 더욱 성숙한 사랑을 할 줄 알게 되었다. 다만 팔에 새긴 타투만이 첫사랑의 낙인으로 남았을 뿐이다.

'너를 위해서'라는 말을 함부로 하지 마라

—

한 사람을 사랑한다는 것은 그를 보살피고 따뜻하게 품어주는 일이다. 그 과정에서 우리는 자연스럽게 자신의 속도와 리듬을 조절하며, 상대의 걸음에 맞춰간다. 이런 조율은 관계의 균형을 지키기 위해 꼭 필요한 과정이다.

하지만 이 균형이 깨지거나, 한쪽이 일방적으로 관계를 끌고 가기 시작하면 내면에 쌓인 억압, 참아왔던 감정, 불안과 질투가 결국 터져 나오게 된다. 그렇게 감정이 폭발하는 순간, 관계는 걷잡을 수 없을 만큼 상처투성이가 되어버린다. 그 후에 남는 건 두 사람 사이에 설명하기 힘든 어색함과 거리감이다.

관계 속에서 유독 강하게 말하고 행동하는 사람은 종종 "실망시키지 마. 너라면 할 수 있잖아" 같은 말로 상대를 몰아붙이기도 한다. 하지만 그런 말투 뒤에는 불안감과 열등감이 숨어 있다. 겉으로는 강한 척하지만, 실제로는 상처받을까 봐, 자기 이익을 잃을까 봐 두려운 마음이 깔려 있다. 그래서 때때로 사랑이라는 이름으로 상대에게 차갑고 가혹하게 대하기도 한다.

분명하게 경계선을 그어야 비로소 자유로워진다
—

이미 상처 입은 마음과, 상대가 더 이상 자신을 진심으로 사랑하지 않는다는 사실을 분명히 받아들여야 한다. 그 현실을 제대로 인식한 뒤에는, 스스로 단호하게 선을 긋고 마음이 차츰 적응해가도록 해보자. 나중에 그 사람과 친구로 지낼 수 있을지 아닐지는 중요하지 않다. 이미 지나온 길을 다시 돌아보지 않는 것만으로도 충분하다. 그 사람이 언젠가 내 진가를 알아주기를 기다려서도 안 되고, 다시 시작할 수 있을 거라는 기대를 해서도 안 된다.

이럴 때는 슬픔을 치유할 시간이 필요하다. 과거의 익숙했던 습관은 과감히 버리고, 이제는 자신의 삶과 일에 집중해야 한다. 생활 리듬을 다시 정리하고 충분히 충전한 뒤 에너지를 회복하는 것이 먼저이다. 일단 마음을 정리하고 나면, 두 사람 사이의 좋았던 기억이나 아쉬웠던 순간에 더 이상 얽매일 필요도 없다. 또한 상대에게 동정을 기대하며 스스로를 벌 주는 일도 그만둬야 한다. 성숙한 사랑은 '좋게 만나고, 좋게 헤어질 줄 아는 것'이다. 굳이 연락하지 않는 것이 오히려 서로를 위한 가장 좋은 배려이다.

　이별 후 많은 사람들은 감정을 정리하지 못한 채 깊은 슬픔에 빠져 방황한다. 멍하니 휴대폰만 바라보고, 함께 들었던 음악에 젖어 눈물을 흘리기도 한다. 함께 봤던 풍경이 떠오르고, 사랑했던 순간들이 머릿속을 맴돈다. 그렇게 과거에만 머물다 보면 앞이 보이지 않는 감정의 구석에 갇히고, 결국 상대를 원망하게 된다.

　하지만 당신의 가슴을 짓누르고 있는 고민과 무력감은 누구에게나 낯선 감정이 아니다. 그렇기에 이제는 자기 자신을 먼저 용서해야 한다. 그래야 비로소 자유로워질 수 있다. 진심으로 깨닫고, 집착을 버리고, 있는 그대로의 진실을 마주해야 한다. 그리고 크게 숨을 들이쉬고, 이제는 자기 자신에게 삶의 우선권을 되돌려줘야 한다.

자기변명을 늘어놓는 순간 관계는 이미 끝난다

—

　어느 한쪽이 암묵적으로 상대를 시험하고, 그 시험을 통과하지 못했다면 이미 두 사람의 사랑은 한쪽에 얽매인 관계가 되어버린 것이다. 그런데도 허울뿐인 관계를 끝내지 못한 채, 최악의 결말을 입 밖에 내지도 못하고 그저 시간을 끌며 언젠가 자연스럽게 정리되기를 바란다. 그렇게 미루기만 하면 결국 더 난처해지는 건 당신이다.

상대는 나쁜 사람으로 보이지 않으려고 "다 너를 위해서야" 같은 번드르르한 말을 늘어놓을 수도 있다. 하지만 그 말조차 자기 자신을 위한 변명이다. 진심은 단 하나다. 상처 입기 싫어서, 책임지기 싫어서 그저 상황을 모호하게 만드는 것이다. 그런 관계에서는 더 이상 어떤 해답도 찾을 수 없다.

사실 마음 깊은 곳에서는 이미 알고 있다. '그 사람은 더 이상 나를 사랑하지 않는다', '이 관계를 끝내고 싶어 한다'. 그런 진실을 모른 척 애써 외면하고 있을 뿐이다.

그러니 이제는 놓아줘야 한다. 더 이상 의미 없는 관계를 계속 붙잡고 있을 필요는 없다. 당신을 사랑하지 않는 사람을 놓아주는 것은 결국 자신을 해방시키는 일이다. 그래야만 고달픈 마음에서 벗어나, 새로운 삶으로 나아갈 수 있다.

09
관계의 시작과 결말도 타이밍이다

"사람은 누구나 자신만의 싸움을 치르고 있다.
그러니 모두에게 친절하라."
 – 이언 맥라렌

그동안 사랑에 대해 가졌던 생각이나 태도, 그리고 사랑을 바라보던 시각을 되돌아본 뒤, 당신은 이제 조심스럽기만 했던 마음을 조금씩 내려놓는다. 다양한 모임이나 사람들과의 만남에도 자연스럽게 참여하고, 사랑에 대해서도 억지로 통제하지 않고 마음이 이끄는 대로 흘러가게 내버려둘 줄도 안다.

예전의 상처와 아쉬움은 시간이 지나면 새로운 시각으로 해석되기 시작한다. 이제는 더 이상 과거의 이별에 얽매이지 않고, 예전의 고집스러운 성격도 조금씩 부드러워진다. 마음은 한결 여유롭고, 삶의 리듬도 가볍고 유연해진다.

베이징에 사는 리사는 보기 드문 최고의 여성 공인중개사이다. 매일 수많은 고객을 인솔하고 집을 보러 다니면서도 자신의 일상도 잘 꾸려나가고, 심지어 14년이나 된 사랑도 잘 지켜나가고 있었다. 실로 완벽한 인생이라 할 만한 삶이었다.

그런데 리사의 서른일곱 번째 생일에, 남자친구는 생일 파티가 끝나고 사람들이 돌아갈 무렵, 아무런 조짐도 없이 돌연 헤어지자는 이야기를 꺼냈다. 게다가 벌써 자신의 옷가지와 신발, 목욕 가운과 명품 시계 등 짐을 전부 싸두고 아파트에서 나가려고 했다.

너무나도 갑작스러운 이별에 리사는 놀라기도 하고 화도 났다. 도대체 무엇 때문인지 이유를 알 수 없었다. 어떤 말다툼이나 냉전도 없이 하루아침에 14년 넘게 지속된 사랑에 종지부를 찍게 되었다.

모든 사람들이 어떻게 된 영문인지 알 수 없는 가운데 리사는 침대 밑 협탁에서 남자친구가 남겨놓은 짧은 메모를 발견했다.

"당신의 서른일곱 살 생일에 헤어지자는 이야기를 꺼낸 게 이기적이라는 걸 잘 알아. 그동안 사랑해줘서 고마웠어. 앞으로 당신에게 더 잘 어울리고 당신의 성격을 잘 받아줄 수 있는 사람을 만나길 바랄게!"

리사는 그 짧은 메모를 보고 그 자리에 5분간 멍하니 서 있었다. 친구들은 리사를 위로했지만 메모에 적힌 말들은 아무래도 잔인한 이별의 원인을 암시하는 것 같았다. 겉으로는 단순히 서로의 생각이 맞지 않아서 이별하는 것처럼 보였지만 사실 두 사람 사이에는 소통이 잘 이루어지지 않았다. 문제가 생겨도 그럭저럭 넘겨버리고, 서로의 감정과 성격을 맞춰가기보다는 회피하기에 급급했다.

거의 반년의 시간이 흐른 뒤, 리사도 점점 문제의 본질을 깨닫게 되었다. 한 사람의 까다롭고 날카로운 성격이 두 사람의 사랑에 만성적이고 보이지 않는 상처를 남기고 있었던 것이다.

자기중심주의가 강해지면 독선이 된다
—

한 사람을 사랑한다는 것은 끝없이 상대를 품어주는 일이다. 상대의 단점을 장점으로 덮으려고 애쓰면서 자기 자신을 설득한다.

"그 사람은 완벽해."

"그 사람은 우리 사랑을 위해 변하고 있어."

"그 사람은 나를 사랑하고 이 감정을 소중히 여길 거야."

하지만 안타깝게도 사람은 시간 앞에서 무너지기 쉽다. 시간이 흐를수록 모든 믿음과 약속은 더 엄격한 시험대에 오른다. 하나의 고비를 넘기면 또 다른 고비가 기다리고 있다. 그 고비를 넘기지 못하면, 결국 모든 것이 마무리될 때까지 내버려두다가 처음 만났을 때처럼 가장 낯선 사이로 되돌아간다. 더 이상 지나간 달콤한 사랑을 붙잡기 위해 꾹 참지 않는다.

한 사람을 넓은 마음으로 포용하는 것만으로도 이미 최선을 다한 것이다. 상대방이 항상 당신에게 인내심과 동정을 보여주기를 바라는 것은 옳지 않다. "우는 아이에게 떡 하나라도 더 주는 법이지", "당신은 내 남자친구(혹은 여자친구)인데, 나한테 좀 더 잘해줄 수 없어?"와 같은 말은 상대방이 느끼는 불만을 무시하고 자신이 필요한 것만을 강요하는 말이다. 이런 상황에서는 현재의 사랑에 어떤 의미가 있는지, 관계를 계속 이어나갈 원동력이 있는지 의문이 들 수 있다.

자신이 중요하게 여기는 일에만 집중하다 보면 불평과 원망, 후회와 원한이 쌓이게 마련이다. 사랑하는 동안 우리는 의도하지 않게 자신의 감정이나 생각을 지나치게 확대시킬 때가 많다. 특히 자신의 이익이나 사랑을 갈망하는 마음을 내비치면 상대방은 실망하게 마련이다. 자기의 생각만이 옳다고 주장하며 집착하면, 상대방과의 소통이 어려워지고, 결국 사랑은 식어버린다.

상대의 감정에 휘둘리는 순간 관계는 기울어진다
—

가까스로 가뭄에 단비 같은 관계를 시작하면, 그 사람이 뜻밖에 내 삶에 나타난 것에 감사한다. 최선을 다해 상대를 붙잡으려

하고, 작은 다툼이나 갈등 상황이 생길까 봐 두려워한다. 겉으로는 그 사람의 품격과 장점을 칭찬하고 체면을 세워주기 위해 애쓰지만, 속으로는 그저 상대방의 요구에 맞추려고 한다. 그 사람이 나를 어리석고 자기와 맞지 않는다고 불평하는 상황을 피하고 싶어 한다.

이러한 상황이 오래 지속되면 당신은 마치 고귀한 주인을 모시는 하인이 된 것 같은 기분이 들 것이다. 상대방이 조금만 짜증을 내거나 불평하면 하루 종일 기분이 좋지 않다. 상대의 감정은 당신에게 영향을 끼치는데 상대는 당신의 감정에 아랑곳하지 않는다. 불평등한 관계를 인식하지 못하고 지내다가 시간이 지나면 깨닫게 된다. 그 사람이 나를 진심으로 소중히 여긴다는 생각은 일방적인 착각일 뿐, 언제든 당신을 떠날 수 있다는 것이다.

사람은 누구나 행복한 이야기를 꿈꾸지만, 그 꿈은 종종 짧고 금세 사라진다. 기대했던 미래가 때로는 냉혹한 현실로 다가오기도 한다. 마치 피곤한 몸으로 길고 복잡한 꿈을 꾸고 있는 듯, 무기력하고 힘든 상황에 빠지게 된다. 상대방은 자신의 감정을 충분히 이해하지 못한 채 관계가 끝날 때쯤 무심하게 "네가 생각하는 행복은 내가 원하는 행복이 아니야. 미안하지만, 우리는 맞지 않아"라는 말을 던지며, 당신을 고통 속으로 밀어넣는다.

두 사람이 함께 손을 잡고 나아가는 과정에서 혼자만 순조롭게 진행된다고 착각해서는 안 된다. 적절한 시점에서 상대방이 관계를 이끌어갈 수 있도록 하고, 서로의 요구와 문제를 더 잘 이해하려는 노력이 필요하다. 서로의 주파수가 균형을 이루지 않으면, 아름다운 결실을 맺기 힘들다.

상처를 안고서라도 자신의 길을 가야 한다
—

함께 살아갈 라이프 스타일에 대해 서로 이야기하고, 상대방의 성격과 개성을 이해하려는 노력이 필요하다. 천진난만하게 마음을 다 주고 나서야, 당신은 상대방이 종종 변덕도 심하고, 무슨 일이 생길 때마다 나약하고 태만하다는 사실을 발견한다. 일방적인 사랑을 하는 당신은 사실 상대가 진지하게 당신을 사랑하는지 아닌지 알고 있지만, 여전히 자신을 속이려 한다. 상대에게 당신은 최고의 선택이 아니라, 무료한 시간을 보낼 차선책일 뿐이라는 사실을 알기에 여전히 마음을 놓지 못한다.

당신은 사랑을 할 때마다 항상 조심스럽게 상대방을 대한다. 그 이유는 다시금 좋은 감정을 놓칠까 봐 두렵기 때문이다. 그래서 상대방의 잘못된 점을 합리화하고, 억지로 그 사람의 생활 습관과 가치관에 맞추려고 한다. 그러나 두 사람은 더 이상 함께 나아갈 수 없다는 징조가 이미 나타난다. 결과를 책임지고 싶지 않은 상대방은 대부분 당신에게 결과를 떠넘기려고 한다. 결국 두 사람이 함께한 시간을 돌이켜보면 상대방은 큰 상처를 받지 않지만, 당신은 상처로 가득하다.

살아가다 보면 누구나 어리석은 순간이 있기 마련이다. 사랑을 배우는 과정에서 실수하거나 곤란한 상황에 처할 수도 있지만, 중요한 것은 그 감정을 성실하게 마주하고 진실을 확실히 파악하는 것이다. 때로는 적절한 시기에 관계를 정리하고, 인연이 아닌 사람과는 이성적으로 결별할 필요가 있다. 그렇게 함으로써 후회는 적어지고, 더 나은 길을 갈 수 있다.

10
일상적인 습관이나 자신만의 방식에 의존하지 마라

"사랑하는 사람이 자유롭기를 바랄 수 있을 때,
비로소 나도 내 안에서 자유롭다."
– 틱낫한

시대가 변하면서 SNS는 현대인이 자신의 반쪽을 찾는 새로운 방식이 되었다. 두 사람은 휴대폰 화면의 이미지와 텍스트를 통해 환상을 품고, 감각을 자극하는 상상을 한다. 깊은 밤이 되면 서로 책임질 필요 없는 애매모호한 이야기를 나눈다. 서로 만나기로 한 그날이 되기까지 두 사람은 품위를 잃지 않으려고 애쓰며, 상대를 첫눈에 사로잡을 첫 만남을 기대한다. 오로지 체면을 중요시하며 상대방에게 좋은 인상을 남기려고 노력한다.

대도시의 삶은 자연스럽게 놀 줄도 알고 일할 줄도 아는 식욕과 성욕을 지닌 사람들을 만들어낸다. 백화점에서 기획을 담당하는 친구 수지도 그중 한 명이다. 수많은 연애를 경험한 수지는 남자와 데이트하는 것이 이미 습관처럼 자연스럽고 당연한 일이었다. 수지는 능숙하면서도 노련한 방식으로 현대인의 고질병을 완곡하게 해석했다. 너무 일찍부터 "연애에 빠져들고 상상력이 과도하게 풍부해서" 욕망에 빠진 사람은 사랑에 대해 지나친 동경을 품는데, 이러한 사람들은 예외 없이 "먼저 진지해지는 쪽이 진다"는 결과를 맞이한다는 것이다.

사람들은 여성들이 비교적 쉽게 상처받으리라고 생각한다. 하지만 남자들의 마음은 마치 유리와도 같아서 더 쉽게 사랑에 빠진다. 만나기만 하면 반드시 사귀어야 한다고 믿고, 예상치 못한 상황에 처하면 어찌할 바를 모른다. 더구나 일상에서는 근심 걱정이 끊이지 않는다. 이렇게 식욕과 성욕이 왕성한 남녀는 점차 사랑을 두려워하게 되고, 이 세상에 "영원히 변치 않는 진정한 사랑"은 없다는 생각에 동의한다.

마음이 변함에 따라 관계도 변한다
—

일단 서로 필요한 부분이 충족되면 더 이상 "우리 지금 무슨 관계야?", "정말 날 좋아해?"와 같은 질문은 하지 않는다. 과거의 데이트 방식과는 달리 단순히 지금 이 순간의 좋은 관계와 편안한 분위기를 즐기고, 사랑은 항상 총총히 다가갔다가 총총히 사라진다. 아무 일도 없었던 것처럼 슬쩍 넘어가고, 사랑이 자유를 속박하는 것을 원하지 않는다. 영원히 변치 않는 사랑은 말할 필요도 없고, 오히려 더 이상 친구가 되자고 요구하지도 않는다.

당신이 최고의 파트너이든 함께 밥을 먹는 친구이든 오로지 욕망만 채울 수 있으면 시간과 감정에 얽매이지 않는 것이 가장 좋다고 생각할 수 있다. 그러나 한 사람에게서 얻은 온기를 뒤로 하고, 계속해서 새로운 사람을 선택하면서 고독과 외로움이 반복된다. 결국 마음만 더 피곤해지고, 영혼까지 지쳐버린다. 나이는 점점 더 먹어가고, 아무리 아름다웠던 몸도 결국 늙어간다. 고독에 삼켜진 사람은 삶에 무력감을 느끼고, 목표도 잃게 된다.

책임을 떠안아야 한다는 착각에서 벗어나라

—

상대방이 실망하는 표정을 보기가 두려워서 당신은 불필요한 의무와 책임을 떠안고 그 사람과의 모든 순간에 최선을 다한다. 그 이유는 간단하다. "그 사람이 기분이 나쁘면 내가 마음이 편치 않아. 하지만 내 기분이 나쁜 건 상관없어. 그 사람을 걱정시키고 싶지 않거든." 무심한 사람은 타인의 약점을 잘 파악한다. 특히 상대방이 자신을 더 사랑한다고 느낄 때, 상대방에게서 가능한 많은 것을 얻으려고 한다. 사랑에 빠져 판단력을 잃은 사람은 상대방이 손을 놓지 않는 한 기꺼이 그를 위해 헌신한다. 심지어 상대방이 자존심을 내려놓으라고 요구해도 기꺼이 받아들인다.

오랜 시간이 지나서야 당신은 점차 이상하다는 느낌을 받기 시작한다. 그리고 자신이 일방적인 기대와 압박에 시달려왔다는 사실을 깨닫는다. 상대방은 자신이 깊이 사랑하고 있다고 생각했지만, 사실 그 사람은 연민이나 동정도 없이 모든 책임을 당신에게 떠넘기고 있었다. 아무렇지 않게 "누가 너에게 진지한 감정을 강요하기라도 했느냐?"라고 말한다. 당신은 이러지도 저러지도 못하는 난처한 상황에 빠지지만 이미 그 사람을 떠날 수 없는 상태이다.

한계점에 다다른 그 순간에도, 당신은 여전히 상대방에게 기회를 주려고 한다. 당신은 자신의 선량한 마음이 언젠가는 그 사람을 감동시킬 것이라고, 상대가 결국 뉘우칠 것이라고 믿으며 계속 관계를 이어가려고 한다. 그러나 상대는 이미 당신이 먼저 관계를 끝낼 적절한 시기를 기다리고 있다.

애매한 관계일수록 서두르지 말고 천천히

—

"그 사람 때문에 잠도 제대로 못 자고 계속 뒤척였어", "며칠 동안 연락이 끊겼다가 간신히 짧고 형식적인 메시지만 왔어", "항상 휴대폰 알림 소리만 기다리고 있어. 그 사람이 우리 관계를 진지하게 생각하는지 알 수 없어." 데이트를 시작한 지 얼마 되지 않았지만, 당신은 이미 자신을 경계선까지 몰아넣고 있다. 애매한 관계 속에서 균형을 잃고 싶지 않지만, 스스로를 괴롭히며 막다른 골목으로 들어가는 상황이다.

당신은 그 사람이 당신을 별로 좋아하지 않는다는 사실을 알고 있으면서도, 그 사람을 위해 합리적인 핑계를 준비하고 있을 뿐이라는 것을 인정하자. 오랫동안 키워온 사랑이든 첫눈에 반한 사랑이든 결국 똑같다. 사랑이 문을 두드릴 때 가장 먼저 해야 할 일은 "멈추고, 바라보고, 듣는 것"이다. 서로를 제대로 이해하고 맞춰가다 보면 충동적이고 비이성적인 약속은 줄어든다. 절대 서두르지 말고 "우리 사귀자!" 또는 "사랑은 원래 충동적인 거야"라는 말을 하지 말자. 만난 지 얼마 되지 않은 관계는 대부분 실망과 상처만 남길 뿐이다.

좋아하는 마음이 서로 사귀는 관계로 발전하기까지 서로의 주파수가 맞는 화제와 흥미를 찾아가는 노력이 중요하다. 서로 공감할 수 있는 순간이 많을수록, 신선한 관계를 유지할 수 있고, 더 오랫동안 서로를 알아가며 아껴줄 수 있다.

관계는 주어지는 것이 아니라
내가 선택하는 것이다.
시작과 결말도, 그 과정도
나의 선택이 빚어낸 결과이다.
그러므로 매 순간 나를 중심에 놓고
나 자신을 잃지 않는 관계를
맺어야 후회하지 않는다.

관계의 틈을 두려워하지 말고
그 틈 속에서 나와 타인을 이해할 기회를 만들어라.
나다움을 지킬수록 더 건강한 관계가 찾아온다.

Chapter 2
관계의 틈
—
놓아버릴수록 더 많은 것이 다가온다

01
어떤 경우에도 자신을 탓하지 마라

"자책은 영혼을 갉아먹는 감옥이다.
그 감옥에서 벗어날 때, 비로소 자유로워진다."
－카를 구스타프 융

자기계발 서적에서는 종종 이렇게 말한다. "인연이 없는 사랑은 놓아주고 자기 자신을 용서해야 한다. 시간이 지나면 모든 것이 잊혀지고, 그 후에 서로 다툼 없이 화목하게 살아갈 수 있을 것이다." 하지만 몇 년 후 우리는 그와 다른 현실을 마주하게 된다. 여전히 약간의 고민과 미련이 남아 있는 것이다. 익숙한 냄새나 서로 처음 만났던 순간이 떠오를 때면, 그 기억이 너무나 생생하게 되살아나 마음속 깊은 곳에서 감정을 일으킨다.

좋은 친구 엠마는 코로나 팬데믹 시기에 타이베이로 이사했다. 엠마는 몇 년째 사귀는 사람 없이 혼자 지내고 있었다. 그녀도 한때는 열렬한 사랑을 한 적이 있다. 친한 친구들과 밥을 먹으면서 때때로 결혼에 대한 동경을 드러내기도 했다. 그러나 엠마

의 싱글 라이프는 한 차례의 출장 여정에서 시작되었다. 헤어지
자는 남자친구의 메시지를 받은 후로부터 벌써 6년이라는 시간
이 흘렀다.

사실 모든 일에는 조짐이 있었다. 두 사람은 말다툼이 끊이지
않았고, 각자 바쁘게 일만 했다. 서로 만나거나 주말에 약속을 잡
는 경우도 드물었고 잘 자라고 인사하는 횟수도 점점 줄어들었
다. 모든 사람의 부러움을 사던 선남선녀 커플이 너무 오랜 연애
끝에 신선함이 사라지고 무미건조한 공허함만 남았다. 하지만
서로의 장점과 아름다웠던 과거를 이야기하며 두 사람이 끝내는
결혼식장에 들어서기를 바랐다.

감정에 점점 더 깊이 빠져들게 되면, 자연스럽게 상대방과 결
혼에 대한 이야기를 꺼내야 할지 고민하게 된다. 서로의 관계를
한 단계 더 발전시키기 위해서 상대방을 시험하고 다양한 시각
에서 서로의 인식을 맞춰간다. 그 과정에서 서로의 생활방식과
성격을 살펴본다. 서로가 과연 잘 맞는 상대인지, 이 관계가 앞으
로 나아갈지 아니면 후퇴할지를 판단하는 데에는 시간이 필요하
다. 어떤 사람은 삶의 시련 속에서 고군분투하고, 또 다른 사람은
옛 연인을 그리워하는 마음을 놓지 못한 채 살아간다. 또 다른 사
람은 자존심 때문에 마음을 열지 않거나 변화를 거부하기도 한
다. 시간이 지나면서 두 사람만의 리듬과 주기가 형성되기도 한
다. 그 과정에는 기대가 있는 한편 원치 않는 결과를 맞이할지도

모른다는 두려움도 있다.

분명 당신에게는 지금까지 살아온 자기만의 리듬이 있다. 그런데 누군가 당신의 생활에 들어서고 서로 호흡을 맞추려고 하면 함께 지내는 것은 서로에게 치명적일 수도 있다.

오늘의 실패가 내일을 결정하는 것은 아니다

낯선 관계에서 서로 용기를 북돋워주는 이야기를 나누기까지, 간단한 자기소개로 시작해 흥미를 느끼며 점점 가까워지고 SNS에서 친구를 추가하고 사귀기 시작하며 열렬한 연애를 하게 된다. 그러나 시간이 지나면서 관계가 조금씩 변하고 두 사람은 말다툼을 벌인다. 그 후 서로 맞춰가며 표면적으로는 잘 지내는 듯하지만, 결국 넘을 수 없는 거리로 결별에 이르게 된다. 결국 두 사람은 처음 알게 되었을 때와 같이 낯선 관계가 된다.

상처받은 마음을 치유하는 데 얼마의 시간이 필요할까? 작은 일까지 하나하나 따지며 자신이 얼마나 더 사랑했는지 계산하는 것은 결국 자신의 상처에 소금을 뿌리는 것과 같다. 진심은 물처럼 흘러가 사라졌지만, 관계가 끝나고 나면 일부러 아무렇지 않은 척 말한다. "그 사람을 제대로 보게 되었어", "다음에 만날 사람은 분명 더 좋은 사람일 거야", "어쩌면 나는 연애에 맞지 않는 사람일지도 몰라."

바쁘게 살아가는 현대인들은 사랑에 시간을 투자할 여유가 없다. 아무런 원망이나 후회 없이 진심을 다하고 싶지만, 고양이 한 마리 키우기도 벅찬데 타인과 의지하며 관계를 유지하는 것은 더욱 어려운 일이다. 마음을 줘서는 안 될 사람에게 마음을 주는 것은 어리석고 바보 같은 행동일 뿐만 아니라, 시간과 돈, 에너지를 낭비하는 일이다.

수많은 연인들이 시간이 흐르면 결국 감정에 한계를 느끼고 멈춘다. 그 이유는 이상과 현실의 차이를 받아들이지 못하기 때문이다. 함께 있는 시간이 많아질수록, 평생을 함께해도 맞춰나 갈 수 없는 문제들을 발견하게 된다.

마음을 툭 털어버리고 새로운 관계를 맞이하라

—

사람은 누구나 한 단계 더 나아간 관계를 원한다. 정식으로 연인이 될지, 단순히 이야기만 통하는 친구가 될지, 아니면 단순한 잠자리 파트너가 될지는 상관없이, 그 관계에서 무엇을 원하는지 알아야 한다. 이제는 더 이상 상처받지 말아야 한다. 나와 맞지 않는 사람과의 이별은 받아들이기 힘들지만 결국 시간이 지나면 상처는 희미해질 것이다. 그러나 쉽게 잊혀지지는 않는다.

사랑이 다시 찾아오면, 서로를 좀 더 깊이 인식하고, 이성적으로 관계를 이끌어나가야 한다. 실패를 마주하고 싶지 않겠지만, 너무 자책하지 말고 자신을 몰아붙이지도 말자.

이별은 새로운 시작이다. 이별을 통해 우리는 사랑의 장단점을 알 수 있고, 또 다른 사랑을 기대할 수 있다. 상처가 회복되고 마음이 편안해지면 당신은 더 이상 얼마나 사랑했었는지 연연할 필요 없다. 자신과 맞지 않는 사람과의 이별은 큰 용기가 필요한 시련이다.

한 걸음만 내디디면 행복이 찾아온다

—

이별은 결국 이별일 뿐이고, 현실은 바로 지금 내 눈앞에 펼쳐져 있다. 누구나 인생에서 한 번쯤은 회의감을 느껴본 적이 있다. 사랑하면서 자신이 어떤 잘못을 했는지 되돌아보기도 한다. 그럴 때 혼자 울며 마음의 상처를 조금이나마 털어버리려고 한다.

하지만 자존감을 잃고 고통을 어떻게 극복했는지 잊어버린다면, 새로운 사람이 다시 내 인생에 들어왔을 때, '이 사람이 내게 맞는 사람인지', '옳은 선택인지'를 생각하지 않는다. 그때 그저 가장 기본적인 것만을 바란다. "상대방이 나를 이해해주면 좋겠어." "아무런 예고 없이 나를 떠나지 마." 하지만 이것은 간단한 희망이지만, 가장 간절하면서도 얻기 힘든 것이다.

고통과 상처에서 회복하면 당신은 점점 더 성숙해지고 과거에 집착하지 않게 된다. 어떤 경험들은 당신의 의지를 더욱 강하게 만들어주고, 현재의 아름다움을 더욱 깊이 깨닫게 한다. 고뇌와 아쉬움은 단지 아직 때가 되지 않았다는 신호일 뿐 곧 지나갈 것이다. 그리고 그다음 한 걸음만 내디디면, 행복이 찾아온다.

자존감을 회복하고, 현재의 사람이나 관계를 놓을지 말지 고민하면서 자신을 비난하지 마라. 추억을 꼭 쥐고 있을 필요는 없다. 새로운 사람이 되어야만 진정으로 새로운 삶을 맞이할 수 있다.

02
나와 잘 맞는 사람을 찾는 법

"당신이 누구인지 아는 것이,
다른 사람들이 당신을 어떻게 생각하느냐보다
더 중요하다."

— 세네카

결혼을 원하는 스물일곱 살의 맨디는 좋은 남자를 찾기 위해 최선을 다하고 있다. 하지만 그녀는 여러 번 사랑에 실패하고 상처를 받았다. 맨디가 다니는 연구소의 선배이자 친구인 레오는 그녀의 데이트 상대마다 "뭔가 이상하다"고 말하며, 철저하게 그 사람에 대해 묻고 관계를 분석했다. 맨디도 처음에는 선배의 예상이 맞아떨어지는 것을 보고 놀랐지만, 점점 선배의 시각에 짜증을 느끼고 걱정이 되기 시작했다. 그 이유는 선배의 말이 늘 정확했기 때문이다. 맨디의 성격에 어울리는 사람에 대해 누구보다 잘 알고 있는 선배의 의견을 완전히 믿을 수밖에 없었다.

레오라는 선배의 존재를 알고 있는 친구들은 농담 삼아 말했다. "아예 그 선배랑 사귀는 게 낫겠다!" 그렇게 맨디를 잘 알고 세심한 부분까지 살피며 묵묵히 그녀의 곁을 지키고 있었지만 한 걸음 더 나아가기에는 부족했다. 얼핏 모든 면에서 "신신당부를 하면서도 왠지 방해하는 것 같은" 레오는 매번 의미심장한 말로 맨디를 격려했다. "내가 널 대신해서 결론을 내려줄 수는 없어. 너의 미래를 망칠 수도 없고. 하고 싶은 일이 있으면 행동으로 옮겨. 단, 너 자신을 너무 걱정해서는 안 돼. 이번 생에서 네가 원하는 사랑은 너 스스로 만들어가는 거야."

몇 년 후, 맨디는 이직을 했고, 자연스럽게 레오와도 연락이 뜸해졌다. 그러던 어느 날, 맨디는 논문 보고서를 정리하다가 레오가 예전에 자기 대신 감정을 분석해주었던 쪽지를 발견했다. 그것을 보고 맨디는 다시금 레오를 이해하게 되었다. 레오는 매번 그녀의 데이트 상대의 안 좋은 점을 들춰내서 비난한 것이 아니라 맨디 자신이 제대로 사랑할 줄 몰랐던 것이다. 항상 열등감에 사로잡혀 상대방이 자기를 좋아하지 않으면 어쩌나 걱정부터 했던 것이다.

맨디의 이야기가 우리에게 들려주는 교훈이 있다. 스스로 용기를 북돋우고 자기 자신을 믿지 못하면 평생 진정한 사랑, 자기와 잘 맞는 사람을 찾을 수 없다는 것이다.

그저 묵묵히 당신을 지켜주는 사람

—

누군가와 사귈 때 우리는 항상 명확한 이유나 목적이 있어야 하고, 열정적인 연애를 하기를 바란다. 어떤 사람은 사랑이 찾아오기를 신에게 기도한다. 그러면서 항상 묵묵히 자신의 곁을 지켜주는 사람의 존재를 깨닫지 못한다. 헛된 길을 갈 때조차 자신을 지켜주던 사람의 소중함을 알지 못한다.

어쩌면 상대방이 당신에게 고백할 준비가 되어 있지 않았을 수도 있다. 또는 한 걸음을 내디디면 처음처럼 좋은 관계로 돌아갈 수 없을까 봐 걱정하는 것일 수도 있다. 그래서 거리를 두고 묵묵히 당신을 지켜주며, 당신의 마음에 가까이 다가가고, 철저하게 당신의 삶을 보듬어준다. 그러다 어느 날, 당신이 먼저 이별을 선택하면 상대방은 조용히 관계에 마침표를 찍는다.

가장 아름다운 관계는 격렬하게 타오르는 열정이 아니라 서로를 소중히 여기며 진심으로 축복을 나눈다. 그리고 시간이 지나면서 진정한 의미를 느낄 수 있는 관계이다.

마음의 문을 열기 위한 용기와 힘

—

상대방이 당신을 향한 마음의 문을 열기 위해서는 큰 용기와 에너지가 필요하다. 그러므로 상대방이 당신을 위해 마음을 열기를 기다리면서, 결코 상처로 인해 마음을 닫지 않아야 한다. 누구나 사랑하면서 상처받는다. 그렇기에 다시금 사랑에 대한 희망과 용기를 되찾고 싶을 때는 적절한 시점에 누군가가 온화하게 자신을 잘 대해주기를 바란다.

당신을 위해 마음의 문을 열어주기를 억지로 요구하지 마라. 자기답게 살아가면서 사랑을 깨닫는 법을 배웠을 때, 완벽한 사랑을 얻을 수 있다.

어른의 애정관에는 지나치게 엄격한 기준이 없다. 자기계발 서적에 나오는 이야기나 전문가의 조언은 결국 다른 사람의 이야기일 뿐, 반드시 따라야 할 지침은 아니다. 시간이 흐르면서 우리는 함께 성장하고, 그 과정에서 마음은 본인이 가장 잘 안다. 실제로 경험해본 사람만이 선택의 중요성을 깨달을 수 있고, 결국 침착하게 앞으로 나아갈 수 있다.

한쪽만 만족하는 관계는 오래가지 않는다

—

교제하는 상대에 따라 사랑의 형태는 달라진다. 서로 다른 연령대는 사랑에 대해 각기 다른 시각과 사고를 가지고 있다. 때로는 어떻게 해야 마음이 편안해질 수 있는지 배우기도 하고, 양보하고 조절하는 법을 연습해야 한다. 또 때로는 어떻게 대응하고 말할지에 대한 기술도 배워야 한다. 대부분의 경우, 사랑을 통해 그 순간의 내 모습을 다시 보게 된다.

사랑에서 원하는 결과를 얻으려고 지나치게 애쓰지만 상대방의 비위를 맞추는 것은 오히려 부담스러울 뿐이다. 그리고 서로의 입장이 다르므로 자신이 받는 대우가 당연하다고 생각하고, 상대방은 당신이 기대하는 이상적인 모습으로 행동해야 한다고 느낀다. 결국 감정이 식고 이별이 찾아오면서 깨닫게 된다.

진정한 사랑은 두 사람이 서로를 이해하고 함께 호흡을 맞춰가는 것이다. 한 사람의 요구와 욕망을 만족시키는 것만으로는 사랑이 이루어지지 않는다. 두 사람이 서로를 받아들여야 한다.

자신이 억울해서도 안 되고 상대방을 억울하게 만들어서도 안 된다. 두 사람이 가장 편안한 상태를 유지할 때, 진정한 사랑을 할 수 있고, 그로 인한 만족을 느낄 수 있다.

03
조금 떨어져도 같은 방향으로 걸어가라

"사랑은 두 사람이 마주 보는 것이 아니라,
같은 방향을 함께 바라보는 것이다."
－《인간의 대지》(생텍쥐페리)

서로를 알아가고 연애를 시작하는 일은 생각보다 짧은 시간 안에 가능하다. 하지만 결혼까지 가는 길은, 몇 번이고 마음을 확인하고 또 평가하는 과정을 거쳐야 한다.

왜 우리는 사랑을 결혼으로 증명하려고 할까? 아마 많은 사람들이 마음속으로 이런 질문을 한 번쯤은 해봤을 것이다. 전 세계 인구는 70억 명에 가깝다. 그만큼 70억 개가 넘는 사랑 이야기가 있다는 뜻이다. 수많은 관계들이 얽히고설켜 있지만, 그 모든 인연이 행복한 결말을 맺을 수는 없다. 그럼에도 불구하고, 평생 잊혀지지 않고 마음 깊이 새겨지는 감정이 있다.

태미는 '스스로 자립한다'는 이립(而立)의 나이인 서른 살이다. 유복하게 자란 그녀는 낮에는 열심히 일하지만 밤이 되면 고민으로 잠을 이루지 못한다. "남들이 다 부러워하며 박수를 쳐줄 정도로 아주 성대한 결혼식을 올리고 싶어." 이것이 그녀의 유일한 소원이다.

그녀는 극심한 외로움을 견디지 못하며 SNS에서 만난 낯선 사람과 약속을 잡는다. 촛불을 밝힌 저녁 식사이든 함께 밤을 보내든 일주일에 적어도 두 번은 그런 만남을 가진다. 밥을 먹고, 서로의 가치관을 나누고, 잠자리를 가지기도 한다. 그녀는 오로지 이상적으로 완벽하고 멋진 왕자님을 만나고 싶어 한다.

노력이 통했는지 태미는 다섯 살 연하의 남자를 만나게 되었다. 만남에서 결혼까지 채 2주일도 걸리지 않았다. 주변 사람들은 깜짝 놀라며 좀 더 깊이 생각해보라고 충고했지만 결혼에 과도한 환상과 동경을 품고 있는 그녀를 말릴 수는 없었다.

결혼한 지 반년도 되지 않아 두 사람은 맞지 않는 부분이 점차 겉으로 드러났다. 말다툼과 냉전으로 인한 대립은 물론 각자 원하는 대로 행동하며 다른 사람과의 교제도 전혀 삼가지 않았다. 두 사람의 경제 감각에 대한 인식의 격차는 말할 것도 없었다. 경솔한 결정을 내렸다고 후회하기는 했지만 두 사람은 여전히 체면 때문에 이혼하지는 않았다. 겉과 속이 다른 결혼 생활을 유지할 수밖에 없었다. 드라마에나 등장할 법한 막장 스토리의 주인공이 된 것이다.

사랑과 결혼은 원래 완전히 다른 과제이다. 제대로 알지 못하거나 사랑과 결혼을 동일시하면 자기 자신을 궁지로 몰아넣을 가능성이 매우 높다. 태미와 그 남편은 완전히 반대 방향으로 걸어가고 있다. 시간을 돌리고 싶지만 이미 돌이킬 수 없는 현실이다.

최선을 다해야만 인정받는 관계는 자신을 망친다
—

너무 연애를 하고 싶고, 또 너무 많은 연애를 해왔다면 '결혼'이 행복으로 가는 유일한 수단이라고 믿을 수 있다. 서로의 생각을 훤히 읽으면서도 군이 말로 꺼내지 않는 암묵적인 룰을 따르고, 마음 깊은 곳에서는 '상대방을 꼼짝 못 하게 붙잡아둘' 요행을 기대하고 있다. 상대가 아무 말 없이 책임지지 않고 떠나버릴까 봐 두려우면서도, 정작 자신은 약속을 지킬 생각이 없다.

시간과 에너지를 소모하고, 기쁨과 슬픔을 오가는 사이 열등감이 서서히 고개를 들기 시작한다. 용기가 사라질 즈음, 당신은 '행복'이라는 문이 다시 닫혀버릴까 봐 불안해진다. 상대방을 잃고 싶지도 않지만, 사랑을 지켜야 할 그럴듯한 이유도 떠오르지 않는다. 항상 조마조마한 날들, 불안한 미래, 늘 마음 한쪽에는 '혹시 내가 너무 서둘러 모든 것을 망치고 있는 건 아닐까' 하는 불안이 떠나지 않는다. 과거에 연인이 이별할 때 끝내 이별의 이유를 명확히 말해주지 않았던 기억 때문이기도 하다.

사랑은 최선을 다해 임무를 완수한다고 해서 만점을 받을 수 있는 과제가 아니다. 서로 사랑하는 과정에서 마음을 가라앉히지 못하고, 소통을 통해 관계를 조정하지 않으면 완벽하게 의기 투합하기 어려운 법이다.

고민이 깊어지는 관계라면 오직 나만 생각하라
—

어떤 일은 '잊는다'고 해서 바로 잊을 수 있는 것이 아니다. 과거에 당신을 눈물짓게 했던 오해는 시간이 흐르면서 점차 사라졌고, 형언할 수 없었던 아쉬움은 지금의 당신을 만들어왔다. 그러나 과거의 상처로 인해 너 이상 사랑하시 못하고, 믿시 못하는 사람이 되어서는 안 된다. 부디 자신을 잘 돌보고, 인생의 모든 단계에는 침체기가 있다는 사실을 이해하라. 그것이 바로 하늘이 당신을 위해 계획한 가장 이상적인 결과이다.

두 사람이 서로 결혼을 향해 나아가기로 결심했다면, 이제 경계심을 내려놓아도 된다. 자신이 나약해질까 봐 걱정하거나, 다시 누군가를 위해 자신의 원칙을 바꿔야 할까 봐 불안해할 필요도 없다. 서로의 장단점은 함께하는 과정에서 더욱 익숙해지고 명확해진다.

정말로 행복해지고 싶다면, 직시하는 법을 배워야 한다. 미래에 어떤 후회를 하게 될지 걱정하기보다는, 현재를 마주하는 법을 익히면 후회할 일이 줄어든다. 정답은 없다. 과거의 아쉬움과 후회를 되풀이하지 않기 위해 다시 한 번 노력하면 된다.

새로운 관계를 위해 나 자신부터 격려할 것

인생의 선배들은 항상 "결혼에는 약간의 충동이 필요해!"라고 진지하게 경고한다. 그러나 오늘날 결혼은 이미 형언할 수 없는 압력과 공포가 되었다. 경제관념과 가치관이 맞지 않고, 서로의 가족이 던지는 시험을 통과해야 하고, 서로의 발전을 위해 수많은 규칙을 세워야 한다.

결혼하는 순간 처음에 가졌던 사랑에 대한 동경과 낭만은 서서히 멀어진다. 설령 동경과 낭만을 지니고 있다 하더라도 과거에 인연이 닿지 못했던 관계로 인해 감정이 얼마 남지 않았고, 어쩔 수 없이 현실을 똑똑히 보게 된다. 연애가 기본 디자인이라면 결혼은 한 단계 더 발전된 클래식한 디자인이다. 그렇다면 왜 함께 승화시키기 위해 노력하지 않는가?

결혼으로 구속당할까 봐 두렵다면, 두 사람이 함께 풀어야 한다. 한 사람만 이 과제를 짊어져서는 안 된다. 과거의 사랑에 대한 아쉬움, 원만하지 못한 관계, 좌절, 그리고 삶의 다양한 상처들을 겪으며 결혼에 이르렀다. 그러므로 당신은 자기 자신을 격려하며 함께하게 된 인연을 기쁘게 축하해야 한다.

　인생의 새로운 장을 열어보자. 그 과정에서 당신을 가장 감동시킨 것이 무엇이었든, 혹은 다시 누군가가 떠오르더라도, 우리의 마음속에는 여전히 사랑이 있다는 사실을 되새겨야 한다. 슬픔과 기쁨이 교차하는 리듬 속에서 상대방을 진심으로 사랑하는 연습을 하며, 지금의 삶을 잘 살아가야 한다. 이것이야말로 가장 아름다운 사랑의 모습이다.

04

누구에게나 다시 시작할 힘이 있다

"내일은 아직 아무 실수도 없는
새로운 날이라고 생각하니,
정말 멋지지 않니?"
─《빨강 머리 앤》(루시 모드 몽고메리)

새로운 지식과 관념이 넘쳐나는 시대에 현대인의 사랑은 과거의 전통을 완전히 뒤집었다. SNS, 친구 사귀기 앱, 다양한 성정체성 등 현대인들은 특별한 사랑의 방식을 가지고 있다. 이런 사랑의 방식을 편견 없이 받아들여야 한다는 목소리가 과거보다 더욱 커졌다.

사랑을 갈망하고 동경할수록, 그 사랑을 통해 진정한 행복을 찾는 일은 더 많은 도전과 어려움을 동반한다. 어릴 때는 아무 걱정 근심 없이 순수한 사랑을 했다. 사랑하는 사람에게 작은 케이크 한 조각을 보내면서 행복하고, 사랑에 빠져 하루 종일 정신을 못 차려도 괜찮았다. 그러나 걱정과 선입견이 많아진 지금 연애란 마치 지혜와 용기를 겨루는 심리전 같다. 막연한 초조함보다는 현실적으로 발생할 수 있는 일에 대한 걱정이 훨씬 많고, 심지어 일어나지도 않은 일을 미리 생각한다.

군복무 시절 친구 벤은 현재 유명한 외국계 기업의 구매 담당자로 일하고 있다. 협상과 분석에 능한 벤은 똑똑하고 일 잘하고, 어떤 일이든 안심하고 맡길 수 있는 사람이었다. 그러나 사생활에서는 경미한 외상 후 스트레스 장애(PTSD)를 겪고 있었다.

일할 때는 동료들과도 원만하게 지냈기 때문에, 주변에서는 이상한 점을 눈치채지 못했다. 하지만 스트레스를 받거나 데이트 약속이 다가오면 점점 꾸물거리며 문을 나서지 못했다. 말을 더듬거나 실수를 해서 모든 것을 망치지 않을까 걱정하며, 심지어 화를 내는 경향도 있었다.

그 결과, 자주 데이트 약속을 취소하거나, 시간에 늦거나, 기이한 언행을 보이곤 했다. 이런 일이 반복되자, 사람들은 벤의 인성에 문제가 있다고 생각하며 그를 오만하고 신뢰할 수 없는 사람으로 보았다.

그러던 어느 날, 벤은 용기를 내어 자신의 외상 후 스트레스 장애를 솔직하게 고백했다. 6년 동안 싱글로 지내면서 전 여자친구를 잊지 못하고 있다는 것이었다. 밤이 되면 세상을 떠나기 전 힘들어하던 여자친구와의 기억이 떠올랐다. 두 사람이 처음으로 함께 구입한 자동차는 너무 오래되어 계속 수리해야 했지만, 새로운 차로 바꿀 수가 없었다. 그 차에는 함께 여행하며 쌓은 소중한 기억들이 가득했기 때문이다.

벤은 병원에서 진찰을 받았다. 정신과 의사는 처방전뿐만 아니라 벤에게 심리적인 변화가 필요하다고 조언했다. 아무리 일이 바빠도 여가 시간에는 정기적인 사교 모임에 참여하는 것이 좋다고 했다. 또한 정기적인 진찰을 통해 치료를 받아야 슬픔에서 서서히 벗어날 수 있다고 말했다. 벤은 여자친구가 그리울 때마다 혼자 차를 타고 두 사람이 함께 지나온 길을 달리며, 마치 그녀가 조수석에 앉아 있는 것처럼 자신의 일상에 대해 혼잣말을 하곤 했다.

나 자신에게 다시 일어설 기회를 주어라

—

직접 그 문제를 마주하고 진실을 깨달은 후, 그 경험을 바탕으로 앞으로 나아갈 방향을 정리해야 할 때가 있다. 가벼운 만남이든, 깊은 감정을 나눈 후 헤어진 사랑이든 마찬가지다. 우리는 기존의 사랑에서 받은 상처와 비통함, 두려움을 극복한 뒤 다시 사랑할 기회를 찾는다. 이유를 알 수 없는 이별을 마주하고, 아쉬움 속에서 합리적인 이유를 찾으려 할 수도 있다. 그 순간, 마지막으로 감정을 내려놓게 된다.

아쉬움은 오래 남기 때문에, 더 평온하고 침착하게 살아가야 한다. 완성되지 못한 의미든, 이미 느꼈던 감정이든, 실현되지 못한 약속이든 과거에는 너무 쉽게 얻어졌고 미성숙했다. 진실한 사랑이 이미 떠났다는 사실을 받아들이지 못하는 배경에는 종종 슬픔이 있다. 그 사랑은 정말 순수하고 깊었던 것이다.

그런 감정을 다 털어내고, 더 이상 불안하게 과거의 사랑을 증명하려 해서는 안 된다. 그 사람은 떠났지만, 사랑은 여전히 당신 곁에 있으며 다음 사랑이 찾아오기를 기다리고 있다는 사실을 깨닫게 될 것이다.

과거의 족쇄로 자신을 벌 주지 마라

—

과거가 좋았든 나빴든, 감정이 이성적인 판단을 흐리지 않도록 하라. 인생에서 나를 앞으로 나아가게 만드는 존재는 오직 나자신이다. 함께 인생의 즐거움과 고난을 나누며, 생명이 다할 때까지 함께할 것이라 믿었던 사람이 떠나면, 누구든 미래를 확신할 수 없고 긍정적인 결정을 내리기 어렵다.

서서히 회복하는 건 괜찮지만, 너무 늦게 회복해서는 안 된다. 이미 일어난 현실을 반드시 직시해야 한다.

사랑하는 사람을 잃고 영원히 만날 수 없는 고통이 얼마나 큰 슬픔인지는 누구나 잘 알고 있다. 그 비통함 속에서 시간이 계속 흐르고 있다는 사실을 받아들이고, 생사와 이별이 자연스러운 과정임을 깨닫게 된다. 지금 이토록 고통스러운 이유는 그 사람을 진심으로 사랑했고, 함께 손을 잡고 인생의 한 부분을 함께 걸어왔기 때문이다.

사람마다 자기만의 계획이 있다. 상대방은 조금 더 일찍 인생이라는 기차에서 내려야 할 운명이었던 것뿐이다. 짧았던 인연과 무정한 하늘을 탓하지 말고, 모든 것을 받아들이는 법을 배우며 자기 자신을 잘 돌봐라. 이는 앞으로 만날 사람에 대한 책임이기도 하다.

다시금 사랑하고 사랑받을 기회를 주어라
—

가장 좋은 시절, 가장 좋은 순간에 자신을 치유하고, 자신을 돌보며, 자신을 믿으며 나아가야 한다. 누군가의 눈을 통해 자기 자신을 보든, 아니면 마음속에 누군가의 그림자가 떠오르든, 사랑하고 사랑받는 것은 항상 당신의 인생에서 반복적으로 펼쳐져야 할 새로운 극본이다. 매번 서막이 열릴 때마다 그 감정을 제대로 즐기자. 사랑 앞에서 우리 모두는 똑같다.

사랑을 통해 부족한 부분을 깨닫고, 더 열심히 연습해야 할 과제가 무엇인지를 알게 된다. 쉽게 감정에 빠지는 당신은 인연과 감정이 교차하는 지점에서 머물고 있다. 이것은 미리 준비된 스토리가 아니다. 다만 단순히 자신의 감정을 너무 확대했을 뿐이다. 좋고 나쁨도, 맞고 틀림도 없다. 남은 삶 속에는 스스로 다가오는 사람도 있고, 조용히 떠나는 사람도 있다. 때로는 실망감을 느낄 수도 있다.

　살아가는 데는 사랑의 아픔과 원망, 그리고 헌신적인 노력이 필요하다. 그렇기 때문에 용감하게 나아가는 우리는 계속 사랑을 원한다. 풍부하고 다채로운 인생에 감동을 더하기 위해서.

05

진심은 비교 대상이 되어서는 안 된다

언제부터인지 모르지만, 당신은 점점 좋은 일만 이야기하고 걱정거리는 숨기려는 습관이 생겼다. 다른 사람들이 자신을 이도 저도 못 하는 사람이나 좋은 결과를 내지 못하는 사람으로 생각할까 봐 두려워한다. 그 때문에 당신은 애매한 말을 자주 하고, 자신의 부족한 점을 감추려고 하는지도 모른다.

예를 들어 "안정적이고 나를 사랑하는 남자가 있어. 우리는 나중에 결혼할 거야"라고 말하지만, 실제로 그런 사람은 없다. "이 일은 나한테 맡겨, 문제없어!"라고 하지만, 사실 당신은 극도로 긴장하고 있고, 끊임없이 자신에게 최면을 건다. "나는 할 수 있어. 내가 해낼 수 있다는 걸 보여줄 거야!" 또는 "몇 번 말다툼을 하긴 했지만, 나는 그녀를 사랑해. 그녀도 나처럼 영원히 나를 놓지 않을 거야. 왜냐하면 우리는 천생연분이니까." 이런 생각들이 많을수록 당신은 항상 모든 책임을 지려고 한다.

결국 사회적인 체면이나 외적인 모습이 더 중요하게 여겨지고, 진정한 힘이나 내면적인 강점은 뒷전으로 밀려난다. 그로 인해 자존감을 잃고, 점점 거짓말이 늘어만 간다. 결국 원래의 자신을 잃어버리게 된다.

즈웨이는 나와 몇 년간 함께 일한 동료로, 말솜씨가 뛰어난 세일즈의 고수이다. 어느 날 퇴근 후 우리는 함께 술 한잔을 기울이며 이야기를 나눴다. 그때 즈웨이는 자신의 과거에 대해 이야기하기 시작했다.

어릴 적, 즈웨이의 부모님은 항상 고압적이었고, 일류 대학에 들어가야만 진정한 '착한 아이'라고 말했다. 그 기대를 충족하지 못하면 무능하고 가치 없는 아이가 되었다. 그러다 보니 즈웨이는 듣기 좋은 말만 하면 부모님의 질책을 피할 수 있다는 걸 깨달았다. 잘못을 저질러도 그럴듯한 말과 표정으로 넘어가면 큰 문제는 작은 일이 되고, 작은 일은 아무 일도 아닌 것처럼 되었다. 이건 즈웨이가 어린 시절 집에서 자연스럽게 배운 것이다.

사회에 나와 일하고 연애할 때도 즈웨이는 누구를 만나든 듣기 좋은 말만 했다. 옳고 그름을 따지지도 않고 양심과도 관계없이 그저 먼저 큰소리치기만 하면 진실과 거짓은 아무래도 상관없었다. 이 모든 것은 발언권을 얻기 위해서였다. 거짓말은 즈웨이에게 최고의 보호색이 되어주었다. 자신의 이익을 지키고 자존심을 유지할 뿐만 아니라 내면에 자리 잡은 어린아이의 불안감을 감춰주는 보호막이 되었다.

서른여섯의 즈웨이는 지금까지도 이 세상에 '무조건적인 사랑'이 있다는 사실을 믿지 않는다. 그저 자신의 이익을 위해 자신의 직감에 따라 일을 처리한다. 애매모호한 거짓말은 크게 영향을 끼치지 않는다. 이것이 가장 중요하게 생각하는 자존심을 쉽게 침범하지 못하도록 자신만의 공간을 만드는 방법이다.

지킬 수 없는 약속은 섣불리 하지 마라

—

어떤 사람들은 과거의 실패를 반복할까 봐 두려워 사랑하는 사람을 속이기도 한다. 마음에 드는 사람에게 무조건 헌신하고, 상대방이 자신에게 똑같이 보답해주기를 바란다. 심지어 자신이 준비되지 않았다는 걸 알면서도 자신은 사랑을 충분히 감당할 수 있다고 강하게 주장한다. 그들의 거짓말에는 사랑에 대한 갈망이 담겨 있지만, 내면 깊은 욕망을 채워주지는 못한다. 욕망은 마치 밑 빠진 독처럼 계속해서 채워지지 않으며, 상대방의 애매한 반응에 의존하게 된다. 날카로운 통찰력을 가진 사람을 피하고, 자신의 거짓말이 들키지 않기를 바란다.

자존심은 당신을 높이 치켜세워줄 수도 있지만 곤두박질치게 만들 수도 있다. 왜 매번 미리 초조해하고 걱정하면서 자꾸 거짓말을 하는 걸까? 우리는 사랑할 때 너무 쉽게 많은 말을 하고, 모든 것을 절대적으로만 생각한다.

그런데 그 과정에서 예상치 못한 일이나 변화가 찾아온다. "평생 너만 사랑할 거야!"라고 다짐했지만, 더 잘 맞는 사람을 만나기도 한다. "결혼하면 내가 당신을 먹여살릴게"라고 하지만, 실제로는 수입보다 지출이 더 많다. "널 사랑하니까 놓아주는 거야!"라고 하지만, 사실 헤어지는 진짜 이유는 상대보다 자신을 더 사랑하기 때문이다.

듣기 좋은 말은 누구나 할 수 있다. 그러나 자신이 한 말에 끝까지 책임을 지고 최선을 다하는 사람은 과연 몇 명이나 될까? 문제는 지킬 수 없는 약속을 반복하는 것이다.

마음을 계산하는 순간 관계의 틈은 벌어진다
—

생일이나 밸런타인데이, 기념일이 되면 사람들은 상대에게 선물을 준다. 그 선물이 실용적인지, 가격이 얼마인지와는 별개로, 대부분 '마음'을 담은 물질적인 표현이다. 겉으로는 말하지 않지만 그에 대한 반응과 보답을 은근히 기대한다. 속으로는 선물의 가격을 가늠하고, 그 마음을 수치로 계산하기도 한다. 결국 물질적인 가치를 통해 상대의 마음속에서 내가 얼마나 중요한지를 확인하려는 것이다.

우리는 누구나 감정을 수치로 계산한다. 사랑의 크기를 비교하고, 누가 더 정성을 들였는지 따지며, 누가 더 진심이었는지를 계산한다. 열정으로 가득했던 데이트도, 차가운 이별의 순간도 결국 계산 속에서 무너진다. 사랑은 비교와 경쟁 앞에서 점점 흐려진다.

당신은 잘생긴 외모와 유머러스한 사람을 사랑하면서도, 한편으로는 안정적인 수입과 직업적으로 미래가 밝은 사람을 동경한다. 누가 내 성격을 더 포용하고 이해해주는지 따지고 계산하는 순간, 사랑은 감정만으로는 유지되지 않는다. 작게는 현실적인 희생부터 크게는 조건이 맞지 않아 관계를 포기하는 일까지 결국 '자원'을 더 많이 가진 사람이 유리한 싸움을 한다. 인정하기 어렵겠지만, 몸의 반응과 감정은 이미 진실을 말해주고 있다.

사랑에는 스스로도 알아차리지 못한 갈망과 우월감, 그리고 은근한 경쟁심이 숨어 있다. 몇 번의 상처에 아파하면서도, 결국 얼마나 많은 거짓말로 스스로를 포장해야 완벽해 보일 수 있을까? 때때로 외로움을 느끼는 건 자연스러운 일이다. 하지만 사랑을 원하면서도 늘 불만을 쏟아내고, 다시 사랑할 용기를 내지 못하는 당신은 과연 어떻게 더 나은 사람으로 성장할 수 있을까?

자본주의 사회에서 도시인들은 사랑하면서도 어느 정도 계산과 현실적인 판단을 한다. 하지만 마음의 감동과 관계 속에서 얻는 안정감이 사라지는 것은 아쉬운 일이다.

06
관계의 틈이 드러나는 순간

"어떤 것을 놓아주는 일은,
그것을 지키거나 붙들고 있는 것보다
훨씬 더 강력한 힘이 될 수 있다."
– 에크하르트 톨레

"당신은 너무 완벽해. 당신은 나와 같은 부류가 아닌 것 같아.
그냥 친구로 지내는 게 좋겠어."

"당신과 함께 길을 걸으면 모든 사람들이 우리를 쳐다보는 것
같아. 그럴 때마다 나도 모르게 열등감을 느껴."

"함께 지내다 보니 우리가 잘 어울리지 않는다는 생각이 들었
어. 미안해. 당신은 분명 나보다 더 잘 맞는 사람을 만날 수 있을
거야."

친구 몰리는 오랫동안 싱글이었다. 진지한 연애를 원했던 그
녀는 첫 데이트를 위해 레스토랑도 미리 예약하고, 메뉴까지 정
해두었다. 마음이 따뜻한 몰리는 늘 이상적인 사람과 함께하는
삶을 꿈꿨고, 진심으로 서로를 아껴주는 안정적인 관계, 영혼의

파트너를 원했다.

몰리가 순조롭게 사귀게 되자 모든 친구들이 기뻐해주었다. 어렵게 맺어진 인연을 보며 적잖이 부러워했다. 그러나 친구들 모임에서는 뭐라고 말할 수 없는 기분을 느꼈다. 리사의 친구는 시종일관 우리와 이야기를 나누지 않았다. 우리는 친구가 사랑하는 사람이니 우리와 어울릴 수 있도록 애썼다. 그러나 그는 마치 억지로 이야기를 하는 느낌이었다. 3개월 후 두 사람은 헤어졌다는 소식을 전했다.

몰리의 친구는 이별의 이유를 직접 이야기했다. 우리는 보기 드물게 아주 의리 있고, 모두 안정적인 직업과 수입을 가지고 만족스러운 생활을 하고 있었다. 반대로 몰리의 친구는 단조롭고 따분한 사람이었다. 몰리는 능력도 있는 데다 너무 완벽했고, 모든 과정이 달콤했지만 너무 빨리 진행되었다. 그러자 몰리의 친구는 비현실적이고 안정감이 없다는 생각을 하게 되었다.

두 사람이 헤어진 이유를 듣고 우리는 아무 말도 하지 않았다. 곤혹감과 무력감이 가득했다. 일반적인 사람들은 이해할 수 없겠지만 사실상 우리는 그 친구의 입장을 이해하고 있었다. 몰리의 급한 성격이 원인이었다.

상대의 속도와 흐름에 맞춰라

—

몰리의 친구가 느꼈던 불안과 초조함은, 어쩌면 과거의 사랑을 아직 완전히 내려놓지 못했기 때문일 수도 있다. 혹은 자라온 가정환경에서 비롯된 가치관의 차이가 있는지도 모른다. 아무리 잘 어울리고, 주변 친구들의 진심 어린 축복을 받았다 해도, 결국 함께 지내는 시간 속에서 서로의 차이를 좁히지 못하고, 감정을 솔직하게 나눌 수 없었던 것이다.

사랑은 겉으로는 평온해 보여도, 마음속에는 미세한 균열이 숨어 있는 경우가 많다. 대수롭지 않게 느껴지는 시선, 무심코 튀어나온 반응들이 관계의 틈을 드러내는 순간, 사람들은 그것을 외면하거나 감추려고 한다. 문제를 해결하기보다는 그냥 지나가길 바라며, 속으로는 점점 멀어져 가는 마음을 외면한다.

너무 빠르게 사귀고, 관계를 확정 지으려 하면 아직 마음의 준비가 되지 않은 상대는 알 수 없는 압박감을 느낀다. 오래 사귀고 싶다면 상대의 속도와 흐름에 맞춰 천천히 감정을 나누는 것이 좋다. 사랑은 억지로 끌고 가는 연극이 아니라 자연스럽게 펼쳐져야 한다.

시간이 지나 문제가 드러나고, 설렘이 사라지면 사람들은 갑자기 상대를 판단하기 시작한다. 마치 평가자라도 되는 듯이 상대의 태도나 마음가짐을 탓한다. 그럴 때는 사랑에 진심으로 다가갔던 사람이 오히려 비난을 받는다.

"이건 내가 원하던 사랑이 아니었어. 너 혼자만의 환상이었잖아."

사실 그 전에 이미 감정의 온도 차를 느꼈을 것이다. 한 사람은 이상적인 사랑에 푹 빠져 있었고, 다른 한 사람은 한 발짝 물러서서 조용히 지켜보고 있었다. 두 사람이 각자 전혀 다른 악보를 들고 있는데, 어떻게 같은 협주곡을 연주할 수 있겠는가.

서로 다름을 받아들일 여유를 주어라

—

사랑을 시작할 때는 마음을 넓게 가지고 접근하는 것이 중요하다. 사랑에 대한 동경과 이상, 미래에 대한 불안이 지나치면 마음이 급해지고 과도한 상상으로 인해 현실을 제대로 바라보지 못한다. 상대방이 수동적인 성격이든, 주도적이고 적극적인 성격이든, 관계가 시작되면 서로 조금씩 부딪히면서 맞춰가는 것이 중요하다. 그러면 점차 서로를 더 잘 이해하며, 각자에게 더 많은 공간을 주어 서로의 다름을 제대로 인식할 수 있다.

처음부터 모든 것을 내주고 지나치게 관심을 표현하는 것은 좋지 않다. 욕심이 끝이 없는 사람은 당신에게서 더 많은 것을 원할 것이다. 반면, 상대방이 보수적인 성격이라면, 지나치게 많은 관심이나 추측은 그 사람에게 불안감을 줄 수 있다.

사랑을 갈망하는 사람은 종종 자신이 '모든 것을 완벽하게 해 내면' 좋은 사람이 나타날 것이라고 믿는다. 하지만 모든 관계에는 시험 기간이 있다. 사귀기로 하기 전에는 마음을 바꿀 수 있다는 뜻이다. 물론 이 기간이 지나도 여전히 사랑을 반품하려는 사람들이 많다. 이들은 게임 캐릭터처럼 관계를 바꾸거나 사랑을 별것 아닌 일로 치부한다.

그러므로 관계를 되돌아보며 적절한 시점에 정리하는 것도 필요하다. 그래야 얻을 것과 잃을 것이 명확해져, 이성적으로 사랑을 유지할 수 있다.

단순한 관계에서 더 편안함을 느낀다

—

어떤 감정은 사랑이라기보다 그저 좋아한다고 표현할 수밖에 없다. 이런 감정은 깊이가 없고, 단지 겉으로 보이는 매력에 이끌린 것일 뿐이다. 그들이 '좋아한다'고 말하는 이유는, 사실 그들 스스로가 빛을 발하지 못하고 있기 때문이다. 그런 사람들은 사랑에 영원한 충성을 다짐할 수 없다. 그저 표면적인 말만 할 뿐, 더 깊이 사랑하려고 하지 않는다.

그들의 사랑은 금세 한계를 드러내고 당신 곁에 오래 머물지 못한다. 그래서 그들은 단도직입적으로 '좋아한다'는 말을 던지며, 당신이 자신의 감정을 받아들이기를 바란다. 그러나 시간이 지나고 인내심이 사라지면 모든 것은 끝난다. 결국 그 사랑은 도중에 끝나고 아쉬움과 후회만 남는다.

가짜 사랑을 하는 사람들은 자신의 불안과 초조함을 감추는 데 능숙하다. 그들은 단지 흥미로운 자극이나 새로운 경험만을 좇고 화려한 분위기만을 즐기려 한다. 서로의 관계가 오래가지 못할 것임을 알고 있기에 순간에만 몰입하는 것이다. 또한 그들은 빛나는 시간이 끝나면 고독이 찾아올 것도 알고 있다. 그래서 서로 원하는 것만을 추구하고, 내일을 책임지려 하지 않는다.

하지만 이 모든 것이 사랑이라고 할 수 있다. 사랑을 계속하는 것은 언제나 어렵고 도전적이다. 그래서 때로는 적당한 시점에 물러나는 것이 최선이다. 사랑의 시작과 끝에서 결국 당신은 진짜 모습을 보게 된다. 사랑이 진정으로 의미 있게 이어지려면, 상대방이 먼저 그 사랑을 받아들이고, 함께 걸어가려는 마음을 보여야 한다.

진정으로 당신과 잘 맞고, 기꺼이 발걸음을 멈추고 당신을 위해 기다리는 사람은 서서히, 자연스럽게 사랑을 느끼게 한다. 관계는 점점 화려함에서 소박하고 단순한 것으로 변하고, 당신은 더 편안하게 사랑받는 기분을 느낀다.

07
나 자신을 모르면 나 자신을 사랑할 수 없다

"자신에 대한 사랑과 타인에 대한 사랑은
대립되는 것이 아니다. 오히려 자신에 대한 사랑은
타인에 대한 사랑의 전제 조건이다."
−《사랑의 기술》(에리히 프롬)

"나 자신을 사랑해야 다른 사람을 사랑할 수 있다"는 말은 너무 자주 들어서 이제는 진부하게 느껴진다. 나 자신을 소중하게 여겨야 한다는 사실을 알고 있지만, 그렇게 쉽지 않다는 것도 잘 안다. 사실, 누구도 완벽하게 자기 자신을 사랑할 수는 없다. 자신을 사랑하는 것이 익숙하지 않으면 오히려 자신이 이기적으로 느껴져서 불편한 마음이 생길 수도 있다.

'나 자신을 사랑해야 한다'는 말은 머릿속으로는 알지만, 실제로 실천하기란 너무나 어렵고, 그런 감정을 진심으로 느끼기도 힘들다. 자신을 사랑한다고 해도, 과연 주변 사람들이 받아들여 줄까? 그 사랑을 진심으로 인정해줄 사람이 과연 있을까?

작사가인 루이스는 수많은 가수의 곡을 작업했는데, 특히 현대인의 사랑을 섬세하게 표현하는 데 탁월하다. 특히 항상 고민하고 조심스러운 연인 관계에 대해 쓴 가사가 많다.

어느 날, 루이스는 내게 재미있는 이야기를 들려주었다.

"요즘 사람들 참 재미있는 것 같지 않아? 사람들을 실제로 만나서 속을 터놓고 이야기하기보다는 SNS에서 사람의 온기를 찾잖아. 그런 사람들과 연애하는 게 꺼려지지도 않는 걸까? 다들 낯선 사람들인데 말이야! 상대방의 외모나 성격조차 모르면서 자기 인생의 방향을 인도해줄 멘토로 삼다니!"

그 말을 듣고 나도 한참을 웃었다.

그러면서 루이스는 한 가지 예를 들었다.

"이 세상에 랜선으로 연결된 관계만 남게 된다면 너는 낯선 사람에게 네 이야기를 들려줄 거야, 아니면 컴퓨터나 휴대폰 앞에서 혼잣말을 할 거야?"

현실세계에서 만나는 사람을 오히려 믿지 못하는 사람들이 많다. 일과 바쁜 생활 리듬에 쫓기면서 내면의 이야기를 토로할 수 있는 친구조차 없다. 대나무숲에 가서 내 기분을 발설할 수도 없다. 실제로 누군가와 사귀면서도 무거운 짐을 지고 있고, 가장 친밀한 가족에게도 속마음을 털어놓지 못한다. 네트워크에 접속해야만 자기 이야기를 줄줄 늘어놓는다.

허구의 세상에서는 모든 글귀의 의미를 신경 쓸 필요도 없고 자기 마음대로 애매모호한 감정을 털어놓을 수 있다. 이런 상황이 오래 지속되면 더더욱 현실세계로 돌아가지 못한다.

네트워크의 공간에 소위 도덕과 윤리가 존재할까? 내가 기혼자인데 상대방과 서로 랜선 남편 혹은 랜선 아내가 되면 이것은 바람일까? 아니면 내게는 안정된 관계를 유지하는 연인이 있는데 노출이 있는 사진을 낯선 사람에게 전송하면 이건 양다리를 걸치는 것일까? 왼쪽 넷째 손가락에는 결혼반지를 끼고서 오른손으로는 SNS의 대화방을 들락거리는 경우도 많다.

한번 생각해보자. 연인에게만 충성하는 것이 왜 이렇게 힘든 일이 되어버린 것일까? 우리는 모두 '불성실'한 자신을 억지로 '성실하게' 꾸며서 좋은 역할을 연기한다. 게다가 다른 사람이 자신에게 실망의 눈빛을 드러낼 만한 일은 피하고 싶다.

가상과 현실의 나, 어느 쪽이 진실인가?

—

자신의 반쪽이 배신이나 외도를 하고 있는지 궁금하거나, 불안한 마음에 확인하는 메시지를 자주 보내는 사람은 일종의 도피적인 선택을 하게 된다. 이러한 마음은 상대방을 사랑하지 않아서가 아니라, 변화와 새로운 일상의 자극을 바라는 마음에서 비롯된다. 우리는 모두 열정적으로 사랑할 권리가 있는 사람들이다. 속박과 제한을 원하지 않으면서도, 동시에 사람들의 관심을 끌고 싶은 욕망이 있다.

사람들의 도덕관은 완벽하게 숭고하지 않다. 특히 자신이 순진한 척하거나 상대가 원하는 것을 회피하는 사람은 자신이 정의하는 사랑의 의미를 다시 한 번 생각해볼 필요가 있다. 어쩌면 이미 배신의 징후가 시작되었을지도 모른다. 그러나 아직 크게 엉켜버리지 않았으니 관계를 개선할 기회가 남아 있다.

예를 들어 상대방과 진심으로 대화를 잘 나누는 편인지 생각해보자. 배신한 사람이 상대방이든 당신이든, 처음 배신을 경험할 때 어떤 부분이 충격적이었는지, 어떤 부분에서 고민하고 죄책감을 느꼈는지 돌아보면 중요한 단서를 찾을 수 있다.

드라마에서 욕망에 사로잡혀 바람을 피우는 장면을 종종 본다. 과거에는 결혼반지를 빼거나 상대방 몰래 연애편지를 쓰는 모습이 등장한다. 그러나 요즘은 비밀 계정을 만들고 닉네임을 바꾸고 대화 기록을 지운다. 비밀스러운 관계를 유지하는 사람은 종종 네트워크에서 자신을 싱글로 가장하거나, 오랜 친구의 예전 게시물에 하트를 누르고, 묘한 내용의 메시지나 선정적인 사진을 보내기도 한다.

사귀는 사이에서도 규칙을 분명히 정하지 않고, 이런 행동이 상대방에게 받아들여지기 힘들 것이라고는 생각지 않는다. 또는 자신만 잘 행동하면 들키지 않을 것이라고 믿는다. 어떤 연인들은 이러한 네트워크 공간이 필요하기도 하다. 각자가 잠시 숨을 돌릴 수 있는 여유를 주기 위해서이다.

그렇다면 자신에게 물어봐야 한다. 각자 한 발짝 물러서서, 서로에게 공간을 남겨줄 수 있을까? 아니면 상대방에게 자신의 잘못을 인정하고, 서로에게 손해만 남는 관계를 멈출 수 있을까? 이것은 나쁜 일이 아니다. 적어도 솔직하게 마음을 밝히고, 이성적으로 물러나거나 떠날 수 있기 때문이다.

나를 잃으면 사랑받아도 행복할 수 없다
—

주위 사람들은 이런 상황을 이해하기 힘들 것이다. "이미 완벽한 사람과 사귀고 있는데, 왜 또 다른 사람과 사귀려고 하지?" 그런데 완벽함과 행복은 다른 사람들의 평가와 시선에 의해 결정되는 것이 아니다. 상대방이 내가 원하는 모든 것을 제공해야 진정한 관계가 성립하는 것도 아니다. 아무리 잘 어울리고 다른 사람들에게 부러움을 사는 연인이라도 완벽한 관계라고 할 수 없다. 그래서 지금의 관계가 어떤 상황에 처해 있든, 그 중심을 자기 자신에게 두어야 한다.

이제 나를 초조하고 불안하게 만드는 것이 무엇인지 한번 생각해보자. 너무 나이가 들어 매력이 사라져 더 이상 상대방을 붙잡아둘 수 없어서일까? 아니면 어느 날 갑자기 더 이상 사랑받지 못하고, 이유도 모른 채 버려질까 봐 두려운 걸까?

일관된 사랑을 갈망하고 다른 관계를 받아들이지 못하는 것은 자연스러운 방어 본능이다. 그러나 다른 사람의 사랑을 얻기 전에, 먼저 나 자신을 돌아보는 것이 중요하다. 나의 장점과 단점을 받아들이는 법을 배우는 것이다.

자신의 사랑과 공포심이 어디에서 비롯되었는지 되돌아보고, 신뢰를 쌓은 후에는 일상의 리듬을 조절하며, 온전한 휴식을 취하는 것이 필요하다. 나이와 관계에 상관없이 누구나 자신을 다시 살피고, 관계에서 새로운 전환점을 탐색할 수 있다. 또한 자신의 욕망과 요구를 어떻게 조절할지, 두 사람 사이에서 관계의 균형을 어떻게 맞출지를 배울 수 있다.

08
시작할 때는 부정적인 결말을 생각하지 마라

"무언가를 시작할 때 미리 실패를 생각해서는 안 된다.
그렇게 한다면, 해낼 수 없을 것이다."
– 사이먼 코웰

"누구누구 알아? 그 사람은 도대체 왜……, 들리는 말로는 그 사람이……" 이런 식으로 많은 사람들이 서로 서먹한 분위기를 풀기 위해, 혹은 상대와 친해지기 위해 사실이 아닌 이야기를 퍼뜨리곤 한다. 아직 친하지 않은 상황에서는 서로 잘 아는 사람의 이야기를 나누면 마음을 열고 금세 친해질 수 있기 때문이다.

서로의 생각을 떠보려 하다가 의심에 이르게 되면 마치 "소귀에 경 읽기"처럼 아무런 공감을 얻지 못한다. 그러면 상대와의 대화가 지루하게 느껴지고, 상대도 당신을 따분하게 생각할 것이다. 현대의 연애는 정말 복잡하다. 항상 대화할 새로운 주제를 찾아야 하고, 동시에 실수나 어색한 상황을 피해야 한다.

밥은 베이징에서 만난 SNS 플랫폼의 편집장이다. 그가 위챗

공식 계정이나 모먼트를 관리할 때마다 그의 능력이 대단하다고 느낀다. 연예계 스타나 파파라치들이 관심을 가질 만한 주제의 데이터를 다양한 연령대와 배경에 맞춰 수집하고, 이를 통합하여 팬들과 소통을 강화하며 수익을 창출한다.

우리는 함께 식사하기로 약속했고, 밥은 신이 나서 내게 자신의 경험을 이야기해주었다. 한번은 밥이 온라인에서 만난 여자친구와 영화를 보러 갔다. 두 사람은 먼저 카페에서 만나 커피를 마셨는데, 밥은 그때 여자친구가 자신을 별로 좋아하지 않는다는 걸 깨달았다. 밥은 자신이 옷을 제대로 차려입지 않아서 그렇다거나, 외모와 성격이 '랜선에서 보여지던 자신과 달라서'라고 생각했다.

데이트가 끝난 후, 용기를 내어 여자친구에게 우리가 한 단계 더 발전할 수 없겠느냐고 물어봤다. 그러자 예상치 못한 대답이 돌아왔다.

"온라인에서는 뭐든지 재미있게 얘기하면서, 현실에서는 참 따분하네요. 항상 다른 사람의 장단점 이야기만 늘어놓잖아요!"

그 말을 듣고 밥은 얼굴이 새빨개졌다.

밥은 이 일을 통해 2가지 중요한 교훈을 얻었다.

첫째, 자기 생각이나 의견만을 말해서는 안 된다는 것이다. 과도한 비판을 좋아하는 사람은 없으며, 그런 태도는 상대방에게 당신이 다른 사람을 비판하는 걸 즐긴다는 인상을 줄 뿐이다.

둘째, 정보 교환과 가십은 필요하지만, 그것이 대화의 중심이 되어서는 안 된다. 자신과 상대와 관련된 이야기를 나누어야 한다. 아무 관계도 없는 낯선 사람의 이야기를 계속 늘어놓는 것은 아무런 의미가 없다.

불평하지 말고 직접적으로 요구하라
—

마음에 드는 상대와 한 단계 더 진척할 기회가 있더라도 당신의 수다스러운 말과 거침없는 비판을 보고 상대방이 당신을 유머러스한 사람이라고 생각할 거라는 착각은 하지 말자. 어른들은 사회생활을 해오면서 씁쓸했던 일과 고생했던 일을 늘어놓으며 자기 자랑을 하려고 한다. 이야기를 많이 나눌수록 그저 겉도는 말만 할 뿐이고 상대방은 아무런 공감을 하지 못한다.

함께하면서 자기도 모르게 자기중심적이 되기 쉽다. 관계가 냉랭해질까 봐 두려워서 자신의 지위와 배경, 일과 수입을 부풀려서 말하며 다른 사람이 부러워해주기를 바란다. 적당한 화제를 찾지 못하면 제멋대로 불평불만과 부정적인 비판을 늘어놓는다. 이런 대화가 지속된다면 서로 무력한 일상을 보내기 쉽고, 사소한 실수조차 상대의 눈에는 지워지지 못할 오점으로 보이게 된다.

서로 호감이 있는 두 사람이 관계를 한 단계 더 발전시키고자 할 때, 종종 뻔히 알면서도 일부러 물어보거나 천진난만하게 모르는 척 질문을 던지는 경우가 많다. 예를 들어 "쓰촨 요리를 좋아하세요? 매운 걸 잘 드시는 걸 보니 그런 것 같네요. 저는 그저 그래요"라고 말하면, 사실 그 사람은 매운 음식을 좋아하지 않는다는 의미다. 또 다른 예로는, "내일 몇 시에 만나는 게 편하시겠어요? 저는 언제든 상관없어요. 아니면 같이 점심을 먹어도 좋고요"라고 말하면, 사실 점심 전에 만나고 싶다는 뜻을 내포하고 있다.

또는 "휴대폰에 아직 전 애인 사진이 있네요? 저라면 모든 사진을 삭제할 거예요. 다른 사람한테 괜한 부담을 지우기도 싫고 불필요한 의심을 받기도 싫으니까요"라고 말하면, 상대방에게 전 애인과 찍은 사진을 지워달라는 뜻이다.

명확하게 이야기하지 않고, 상대방이 '조금 더 현명하게' 자신의 방식을 받아들이기를 기대하며 서로의 의도를 파악하려고 한다. 추측이 맞으면 두 사람은 크게 기뻐하고, 추측이 틀리면 다른 화제를 던져가며 서로의 의도를 맞추려 한다.

서로 대화를 주고받는 동안 두 사람의 마음속에는 이미 답이 정해져 있다. 당신은 단지 상대방이 원하는 대답을 하는지, 혹은 상대방이 나를 좀 더 이해해줄 여지가 있는지 확인하려고 하는 것일 뿐이다.

사랑은 때로 매우 불공평하고 이기적이다. 잘못된 상대를 만났다고 느끼거나 그런 사람에게 감정을 투자하는 것이 두려워서, 마음속으로 계산기를 두드리며 자신의 가능성을 따져본다. 서로가 점수를 매기면서 앞으로도 계속 함께할 수 있을지를 떠보며 최종적으로 답을 찾으려 한다.

잃는 것이 두려우면 얻을 수도 없다

—

어떤 강연에서 강연자가 흥미로운 질문을 던졌다.

"누군가 여러분에게 지금 월급의 2배를 주고, 직함도 더 높여줄 테니 다음 달부터 출근하라고 한다면 그 제안을 받아들이시겠습니까?"

아마 대부분 이렇게 생각했을 것이다. '세상에 그런 좋은 일이 어딨어? 그런 일이 나한테 생긴다고? 일이 훨씬 많아지는 거 아니야? 대표나 동료들이 상대하기 힘든 사람들이거나 귀찮은 일이 많거나 하지 않을까?'

이런저런 생각을 하고는 한숨을 쉰 후 결론을 내린다. '그 제안을 받아들이지 않겠어. 괜한 수고를 왜 해!' 반대로 미래를 동경하는 사람들도 있다. 새로운 고용주 앞에서 다시는 실수하지 않으려고 자기 자신을 점검하고, 새로운 마음으로 새로운 시작을 하려고 한다.

사랑을 마주하는 일도 이와 같다. 많은 사람들이 '잃어버릴지도 모른다는 두려움' 때문에 미리 준비할 생각을 하지 못한다. 그러다 보니 회피하게 되고, 부정적인 결과를 예상한다. 결국 성공할 기회를 얻지 못할 확률이 커진다. 마음가짐을 바꾸어 사랑을 마주하고 자신이 원하는 것을 얻을 수 있다고 인정하며, 자신이 기대하는 대로 풀릴 거라고 예측해보자. 긍정적인 마음으로 행동하면 상대방도 자유와 편안함을 느낀다.

함께 지내면서 서로 말이 없어지는 이유는 단순히 '서로 의견이 맞지 않아서'가 아니라, 사실은 '더 이상 할 말이 없는 상황'을 받아들이기 때문이다. 당신이 처음부터 자신의 장점만 부각시키고 단점을 감추려 하며, 상대방의 칭찬을 기대하고 자신의 가치를 높이려 하기 때문이다.

그런 모습은 사랑이 아니다. 두 사람 중 한 명이라도 관계에서 균형을 잃으면, 관계는 오래가지 못한다. 결국 남겨지는 것은 후회와 상실감이다.

09
이상과 현실의 절묘한 균형

"실제 삶은 대부분의 사람들에게 있어 긴 차선책이며,
이상과 가능한 것 사이의 끊임없는 타협이다."
－버트런트 러셀

이야기의 결말은 다행히도 전전이 남자친구를 떠나면서 마무
리되었다. 마지막으로 함께 먹은 밥값은 두 사람이 더치페이로
계산했다. 나도 좋고, 너도 좋은 것이 가장 큰 축복이라고 할 수
있다.

사람들은 이상에 부합하는 일을 원한다. 그러나 지나치게 높
은 기대와 환상 때문에 많은 젊은이들이 일자리를 찾지 못하는
현실은 참으로 안타까운 일이다. 그렇다면 당신은 어떤 사람인
가? 이상이 너무 높아서 현실적인 삶을 살지 못하는가, 아니면
현실적인 삶을 사느라 이상을 추구하지 못하는가?

전전은 어릴 때부터 만화 그리기를 좋아했다. 그러나 일찍이
부모님은 전전의 꿈을 반대했고, 결국 전전은 현실을 택할 수밖

에 없었다. 전전은 항상 자신을 '현실적인 삶을 사느라 이상을 추구하지 못하는 사람'이라고 이야기했다. 그러나 전전은 이상에 가까워질 수 있다면 만화가가 되지 못해도 상관없다고 했다. 졸업 후 전전은 홍보회사의 미술 부서에서 시각디자이너로 활동했고, 국외에서도 많은 프로젝트를 완성했다. 서른 살이 되지 않아 전전의 연봉은 150만 대만달러에 달했고, 친구들 사이에서 큰 부러움을 샀다.

전전은 일에서는 큰 성과를 이루었지만, 사랑하는 사람과의 관계가 반년을 넘지 못했다. 예술을 사랑하는 전전은 반드시 재능과 개성이 있는 상대를 원했다. 자신이 설정한 기준에 맞는 사람을 찾은 것이다.

당시 기타에 깊이 빠져 있던 전전의 남자친구는 음악에 대한 열정을 품고 있었다. 서른다섯이었지만 직업을 가진 적이 없는 그는 '이상이 너무 높아서 현실의 삶을 살지 못하는 사람'이었다. 전전은 남자친구가 자신의 꿈을 이루도록 도와주고 싶었다. 퇴근 후 함께 밥을 먹고 나면 항상 자기가 먼저 계산했다. 하지만 안타깝게도 남자친구는 전전을 소중히 대할 줄 모르는 사람이었고, 습관적으로 바람을 피웠다. 그들은 싸우고 헤어졌다 다시 만나기를 반복하면서 8년 가까이 사귀었다.

청춘은 기다려주지 않는다. 전전은 서른세 살이 되었고, 코로나 팬데믹으로 홍보 업계는 점점 어려워졌다. 그러던 중 전전의 작품을 본 서울의 한 애니메이션 회사가 함께 일해보지 않겠냐고 제안했다. 이를 계기로 전전은 복잡한 상황을 단칼에 정리하고 음악의 꿈을 좇는 남자친구와 헤어지기로 결심했다. 매일 밤 자기가 사랑했던 남자를 떠올리며 마음이 아팠지만, 전전은 결국 오랫동안 억눌러왔던 속마음을 꺼냈다.

"그 사람은 자신의 가치를 알아줄 사람을 못 만났다고만 할 뿐, 미래에 대해 전혀 고민하지 않아. 서로의 인생에 책임을 지려고 하지 않았고, 밥값이나 생활비는 한 번도 내놓은 적이 없어. 책임을 회피하기만 했지."

전전은 현실을 확실히 깨닫고 일과 사랑을 모두 손에 넣었다. 그녀는 자신을 진심으로 아껴주는 외국인 남편을 만나 쌍둥이를 낳고 행복하게 살고 있다. 반면, 예전에 사귀었던 남자친구는 여전히 이상을 좇고 있다. 그는 중고 악보를 팔아가며 간신히 끼니를 때우고 있었다. 입에 발린 말로 젊은 여자들을 유혹하려 했지만, 그가 꿈꾸던 이상적인 삶을 따르려는 사람은 없었다. 그들이 떠난 이유는 분명했다. 이상을 추구하느라 현실을 제대로 보지 못했기 때문이다.

이상을 좇을 것인가, 현실에 머물 것인가?

—

이상이란 무엇인가? 일단 좋은 직업을 갖고 경제적으로 독립하며, 가족들을 돌보고 삶의 질을 향상하는 것이다. 돈이 있으면 더 많은 빵을 살 수 있다. 반면 돈이 없으면 아무리 고귀한 사랑이라도 현실의 벽에 부딪힌다. 일과 수입이 있다고 해서 이상적인 삶이라고 할 수는 없지만, 보수와 성취를 얻는 것은 중요한 일이다.

하지만 많은 젊은이들이 사랑에 모든 것을 걸고, 비록 먹을 빵은 없어도 정신력으로 모든 어려움을 극복할 수 있다고 믿는다. 그러나 이는 이상을 넘어서 환상일 뿐이다.

남녀 주인공이 행복을 찾기 전에는 반드시 좌절을 경험하게 마련이며, 이상을 위해 끊임없이 싸우지 않는 동화가 어디에 있겠는가? 마찬가지로 많은 사람들이 상상하는 이상적인 인생, 직업, 연애는 결국 시간이 지나면서 실체가 드러난다.

원래 타이베이에 살던 사람들은 단기간 수입이 없더라도 가족에게 의지할 수 있다. 하지만 고향을 떠나 타이베이로 상경한 젊은이들은 현실과 타협해야 한다. 그들은 모든 일에 신중하고 성실해야 하며, 수입이 생기고 나서야 사랑과 미래를 논할 수 있다.

'서른 살의 독립 직장학'이라는 커리큘럼에서 한 젊은 회원의 이야기를 들었다. 그 남자는 여자친구가 자신을 너무 돈에 집착한다고 생각했다. 하나하나 시시콜콜 따지고 고급 레스토랑에도 데려가지 않았다고 불평했다. 심지어 그가 타이베이로 옮겨서 일하기로 결심했을 때, 여자친구는 헤어지자고 했다. 그는 자신이 구두쇠처럼 군 적은 없다고 주장했다. 하지만 타이베이에서는 생활비가 너무 많이 들었고, 조금이라도 절약하려면 어쩔 수 없었다.

특히 첫 직장에서 일할 때는 더욱 불안정했다. 신입사원은 대표의 커피를 사러 뛰어다니고, 부서 간 협조를 잘 이끌어내야 한다. 몇 년을 악착같이 일하며 경험을 쌓아야만 인생의 방향이 점차 명확해지고, 이상을 향해 나아가는 길도 탄탄해지기 시작한다. 즉, 당장 좋아하는 일만 하다 보면 미래를 책임질 수 없다.

이상보다 현실적인 선택과 판단이 훨씬 중요하다. 그리고 그 과정에서 때때로 마음에 없는 말을 해야 할 때도 있다.

현실에 발을 딛고 이상을 향해 나아가라

—

사랑하는 사람과 함께 이상적인 인생을 찾고, 이상적인 날들을 보내는 것은 많은 사람들이 꿈꾸는 일이다. 하지만 그 과정에서 서로의 목표, 사고방식, 가치관이 변할 수 있다. 시간이 지나면서 두 사람은 점차 다른 견해를 갖게 될 수도 있다. 그러나 그들이 변했다고 해서 사랑하지 않는다고 말할 수는 없다. 그저 자신에게 더 어울리는 길을 찾는 것이다.

이상만 좇으면 결국 꽃만 피우고 열매는 맺지 못한다. 이상만을 키워나가면 현실 생활에서 깊은 실망감과 고통을 느끼게 된다. 이상만을 좇으며 현실 생활을 포기할 수는 없다. 그래서 다음 2가지를 확실히 깨달아야 한다.

첫째, 이상을 좇는 일이 두 사람의 생활을 풍요롭게 만드는가? 그렇지 않다면, 당신은 이상을 실현할 수 있는 능력을 갖춰야 한다.

둘째, 두 사람 중 한 사람이 먼저 노력하면 이상을 더 빨리 달성할 수 있는가? 아니라면, 두 사람은 서로에게 맞춰가야 한다. 그렇게 해야 공평한 것이다.

현실적인 사랑을 깨닫고, 이상과 현실이 나란히 나아가기를 원한다면 공동의 성장이 필요하다. 두 사람이 함께하면서 속도를 조절하고, 원하는 것과 불필요한 것을 취사선택해야 한다. 또한 같은 길을 걷고 있는 그 사람과 나의 방향이 일치하는지 깨닫는 것이 필요하다.

10
긍정적인 생각이 사람을 끌어들인다

"낙관주의는 행복의 자석이다.
긍정적인 태도를 유지하면
좋은 일과 좋은 사람들이 당신에게 끌려올 것이다."
– 메리 루 레튼

싱글일 때, 우리는 함께 즐겁게 시간을 보낸다. 내일 어디서 무엇을 할지 말하지 않아도, 우리의 관계는 변치 않을 것 같고, 마치 10대처럼 사랑에 대한 기대를 품는다. 하지만 싱글이 아닐 때는 모든 감정 표현이 형식적으로 느껴지고, 항상 누군가의 반응을 지나치게 신경 쓴다.

도덕적인 기준에 갇혀 책임을 져야 한다는 압박감을 느끼고, 입으로는 의무를 다하겠다고 말하면서 한 사람에게만 충실한 척 했지만, 사실 내 안의 복잡한 감정들을 떨쳐낼 수 없다. 그 감정들 속에는 욕망, 소유욕, 그리고 말할 수 없는 질투가 섞여 있다.

테드는 내가 사회에 갓 들어섰을 때 알게 된 친구이다. 사람을 잘 사귀고 융통성이 있는 성격 덕분에, 우리는 함께 모임에 갈 때마다 모든 사람의 관심을 끌었다. 그는 누구나 매력을 느낄 만한 친구였기에, 사람들은 자연스럽게 그에게 다가가 술을 권하고 인사를 나눴다. 테드에게서 풍기는 활력과 자신감이 매력적이었던 것이다.

스물아홉 살이 되던 여름, 테드는 친구들에게 곧 결혼할 것 같다는 기쁜 소식을 전했고, 우리 모두는 놀랐다. 테드는 어느 모임에 약혼녀를 데려왔다. 그런데 그는 평소처럼 활기차게 행동하지 않았고, 친구들에게 어떤 말을 해야 할지 신중하게 고민하는 듯 보였다.

그때 테드의 약혼녀가 우리에게 물었다. "테드는 평소에도 내성적이에요? 그 사람이 여자친구를 사귄 적이 있나요? 제가 듣기로는 연애를 두 번 했다고 하던데요. 아무튼 저한테 일편단심인 것 같아요. 아마 제가 그 사람의 마지막 여자가 될 거예요."

"그럼요, 정말 일편단심이죠!" 우리는 얼버무리며 대답했지만, 속으로는 이상하다고 생각했다. 테드는 그야말로 유명한 바람둥이였으니까.

"클럽 같은 데도 안 가고 업무적인 접대도 안 좋아하는 것 같아요. 테드야말로 제가 늘 꿈꾸던 이상적인 사람이에요." 테드의 여자친구는 철석같이 믿으며 말했다.

"그럼요……. 테드는 착한 친구예요. 밤에 외출도 잘 안 하고, 우리가 불러야 나와요." 우리는 이렇게 얼버무리며 몇 번이고 화제를 바꾸려고 애썼다.

원래 기쁘게 축하를 나누는 부담 없는 자리였는데 결국 동맹군의 거짓말 경연 대회가 되어버렸다. 우리는 말을 할수록 난처하고 마음이 불편했다. 그렇지만 본성이 바뀔 수는 없는 법이다. 어떤 평범한 사건 하나가 테드를 결국 참지 못하게 만들었다.

더 이상 매사에 완벽하고 착한 이미지의 충성스러운 남자친구 역할을 연기하지 못했다. 결혼하기 한 달 전에 두 사람은 사귀면서 생긴 문제들을 속속들이 이야기했고, '겉만 번드르르한' 관계를 평화적으로 끝냈다.

'꿈에 그리던 남자친구 리얼리티 쇼'는 반년 만에 막을 내렸다. 테드는 다시 가장 진실한 모습으로 돌아갔고, 더 이상 어색해하거나 진지한 척하지 않았다.

관계가 삐걱거릴 때는 처음 만났던 순간을 생각하라
—

일정한 나이가 되면 우리는 '사람을 보는 법'을 어느 정도 익히게 된다. 대화를 나눌 때도 자기만의 보호색을 띠며 대응한다. 상대방을 보호하거나 자기 자신을 지키기 위해서 점점 더 조심스럽고 신중하게 변한다. 때로는 그 관계에 어떻게 적응할지 배우고, 때로는 양보하는 법을 연습하기도 한다.

그러나 대체로 사랑은 당신에게 자신을 마주하라고 일깨운다. 상대방이 당신의 본모습을 모른다고 생각하지 말라. 그 사람이 당신에게 기회를 주는 것일 수도 있고, 어서 빨리 본모습으로 돌아오기를 바라는 것일 수도 있다.

사람은 누구나 자신의 반쪽 앞에서 완벽한 모습을 보여주고 싶어 한다. 하지만 어느 날, 몸과 마음이 너무 지치고 피곤할 때, 진정한 자신을 받아들이지 못하고 마주할 수 없을 때가 진짜로 난처해지는 순간이다. 완벽함은 사랑의 본질이 아니다. 진정한 사랑에도 오해와 실수가 있게 마련이다. 말다툼이 있더라도, 서로 맞춰가며 소중히 여겨야 하고, 여전히 처음 만났을 때의 감동을 기억해야 한다.

진정한 친구는 직접적이고 사실적인 이야기도 기꺼이 솔직하게 털어놓는다. 친구의 반응을 걱정하지 않고, 관계를 끊을까 봐 두려워하지 않는다. 당신이 연애를 할 때는 항상 곁에서 당신의 모든 결정을 지지하고, 승진하면 진심으로 기뻐하며 축하해준다. 억울한 일이 있을 때는 아무리 바쁘고 늦은 시간이라도 당신의 불평을 들어주고, 조언과 피드백을 아끼지 않는다. 따스한 포옹이 필요할 때, 그런 친구가 두세 명이면 충분하다.

사랑은 결코 연인이나 가족 사이에서만 존재하지 않는다. 친구 사이의 사랑도 가꿔가며 함께 성장해야 한다. 일방적인 노력이 아니라, 서로 격려하고 용기를 북돋우는 관계가 되어야 한다.

고급 티타임이나 5성급 호텔의 스파, 신나는 클럽보다 친구의 지지가 훨씬 더 소중하다. 그 과정에서 사랑의 진정한 의미를 다시한 번 느끼게 될 것이다.

모든 문제의 답은 자신에게 있다

—

인생의 모든 단계에서 우리는 다양한 친구들과 연인들을 만나게 된다. 우리는 사랑하면서 자신의 가치를 찾아간다. 서로 사랑했지만 아쉬움을 남긴 사람, 동경했지만 인연이 닿지 않았던 사람, 처음에는 특별하지 않았지만 진실된 마음으로 다가온 사람도 있다. 누가 옳고 그른지, 누가 진정으로 우리의 미래에 유익한 사람인지, 혹은 단지 재미와 즐거움만 나눈 친구였는지, 또는 우리 에너지를 소모시키는 기생충이었는지를 알게 된다. 이때 우리는 스스로 책임지는 법을 배우고, 시간과 에너지만 낭비하는 사람을 끊어내야 한다.

마음이 다시 답답해질 때, 우선 마음을 가라앉히고 자기 자신을 돌아보며, 문제의 원인을 생각해보면 어떨까. 자신의 변화로인해 예기치 않은 긍정적인 순환이 시작될 수 있다. 심리학에서 말하는 '호손 효과'(지켜보는 사람이 있는지 없는지에 따라 행동에 차이가 나타나는 현상)처럼, 문제를 찾아낸 후 자신을 칭찬하고 긍정적인 에너지를 주입하며 중심을 자기 자신에게 돌리는 것이 중요하다.

모든 사람은 친구에게 격려받고 누군가를 사랑할 권리가 있다. 그러나 그 전에 먼저 당신이 친구를 격려하고 연인과 함께할 능력을 키우는 것이 필요하다. 주위의 모든 사람과 사물, 그리고 당신의 결정과 가치에 긍정적인 영향을 미치도록 만드는 것이 중요하다.

· · ·

변화는 내 삶의 중심을 다시
나에게 돌려놓는 순간 시작된다.
관계도 삶도, 서두르지 말고
나에게 맞는 속도로 쌓아가야 한다.

Chapter 3
전환

변화가 시작되는 순간

01
나는 투자할 가치가 있는 사람인가?

"마음을 열어라. 누군가가 당신을 찾아올 것이다.
하지만 당신이 먼저 마음을 열어야 한다."
–《에드워드 툴레인의 신기한 여행》(케이트 디카밀로)

업무 능력도 뛰어나고, 자기만의 견해도 뚜렷하며, 어떤 옷이 자신에게 잘 어울리는지도 잘 알고, 일상도 리듬감 있게 정리하며, 일정표에 따라 하루하루를 체계적으로 운영할 줄 아는 사람은 분명 시간관리도 잘하고 스스로 절제할 줄 안다. 하지만 보통 사람들에게는 이런 모습이 숨 막히게 느껴질 수도 있다.

"너무 완벽한 척하는 거 아냐? 자기 자신한테 좀 더 느슨해져도 될 텐데."

"너무 깐깐해서 같이 있으면 피곤할 것 같아. 사귀게 되면 지켜야 할 규칙이 한두 개가 아니겠네."

이렇게 다가가기 어려운 사람처럼 보일 수도 있다.

친구 니콜은 서른일곱 살의 골드 미스다. 지금까지 네 번의 연애를 했고, 결혼 이야기가 진지하게 오갈 정도로 깊은 관계도 있었다. 하지만 미래의 시어머니가 문제였다. 그녀는 똑똑하고 자기 일을 사랑하는 워커홀릭인 니콜이 탐탁지 않았다. 그녀가 생각하는 며느리란, 가정에 헌신하고 자식을 낳아 잘 키우는, 그야말로 현모양처였다. 이런 전통적인 가치관을 받아들일 수 없었던 니콜은 결국 8년 동안 이어온 관계를 끝냈다.

20대에 사랑에 실패하면, 이후의 연애에 보이지 않는 그림자가 남기 마련이다. 니콜도 마찬가지였다. 연애가 깊어질수록 결혼이나 인생 계획 같은 이야기는 일부러 웃어넘기거나 슬쩍 피하곤 했다.

그렇다고 해서 연애를 포기한 건 아니다. 니콜은 이성적으로, 또 용기 있게 새로운 사람들을 만나보고 스스로를 시험해보았다. 그리고 마침내 깨달았다. 자신은 혼자서도 충분히 잘 살아갈 수 있으며, 스스로를 돌볼 힘도 있고, 지금처럼 활기차게 인생을 이어갈 수 있다는 확신도 있었다.

결혼은 누구에게나 꼭 필요한 선택지가 아니다. 중요한 것은 앞으로의 삶을 어떻게 살아갈 것인지, 어떻게 자신만의 방식으로 생존하고 행복을 찾을지를 스스로 결정하는 것이다.

인간관계는 자신의 인생을 계획하는 일이다

—

혼자 살아가는 삶은 길게 느껴질 수도 있고, 어느 순간 짧게 지나갈 수도 있다. 바쁜 일상에 쫓기다 보면 세월이 흘러간다는 사실조차 잊고 지내기 쉽다. 우리는 사랑이 찾아오기를 바라지만, 그보다 먼저 자기 자신을 최상의 상태로 다듬는 것이 중요하다.

사랑이 찾아오는 데에는 약간의 운도 필요하다. 자신의 일과 삶을 균형 있게 계획하고, 가족이나 친구들과 좋은 관계를 유지하며, 미래의 방향도 분명히 세워보자. 어른의 연애는 더 구체적이고 현실적이기 때문에, 젊은 시절 가볍게 나누던 미래 이야기보다 훨씬 더 가치 있다.

어떤 사람은 평생 행복을 기다리기만 하다가 결국 스스로 행복을 놓쳐버리기도 한다. 사실 대부분의 행복은 눈앞에 또렷하게 보이는 것이 아니라, 삶 곳곳에서 느껴지는 마음의 깨달음이다. 그런 깨달음이야말로 당신을 더 자유롭고 단단하게 만들어주며, 삶의 불안을 덜어주는 힘이 된다.

어떤 사람은 평생 함께할 행복을 얻었다고 믿지만, 실제로는 겉보기만 그럴듯한 관계 속에서 하루하루를 무덤덤하게 살아가는 경우도 있다. 시간이 지나면 그런 사랑은 흐려지고 결국 관계는 다시 제자리로 돌아가고 만다.

견고한 방패처럼 나를 지켜주는 힘
—

관계가 시작되는 순간부터 끝나는 순간까지 감정의 기복을 느끼고 꽃이 피고 지는 과정을 경험하며 차츰 평온하게 받아들이는 법을 배운다. 그런 과정을 통해 마음의 문이 열리고, 비로소 당신과 주파수가 맞는 사람이 그 신호를 감지하게 된다. 그런 다음 마음을 가라앉히고, 더 깊은 공감으로 나아간다. 상대가 당신의 과거와 성격까지 받아들이는 것이다.

어쩌면 사랑을 반복하는 이유는, 자신을 더 똑바로 바라보기 위함인지도 모른다. 그리고 당신은 사랑하고 사랑받을 자격이 있다는 것, 사랑은 언제나 우리의 삶에 존재한다는 사실을 깨닫기 위해서인지도 모른다.

사랑은 긴 여정일 수도 있고, 한순간의 불꽃일 수도 있다. 모든 사람에게 꼭 맞는 방식은 없다. 다만 확실한 건 당신이 마음의 여유를 갖고 최고의 상태로 자신을 돌보는 순간 좋은 인연을 만날 가능성도 자연스럽게 높아진다는 것이다. 그리고 함께할수록 서로가 기대한 만큼 조화를 이룰 것이다.

젊었을 때는 조금 건방졌지만, 지금은 더 신중하게 사람을 고르게 되는 이유는 그만큼 당신이 성장했기 때문이다. 가치의 기준은 더욱 분명해지고, 상황에 따라 유연한 사고도 할 줄 안다. 사랑을 대하는 방식도 다양해지고, 단정 짓지 않게 된다. 애매한 관계를 유지한 채 서로에게 변화를 요구하기보다는, 차라리 자신의 마음을 다스리고 자존심을 내려놓는 것이 더 현명하다. 그렇게 당신이 바뀌면, 당신을 사랑하는 사람도 자연스럽게 그 변화를 느낀다.

이처럼 유연함에서 비롯된 사랑은 마치 견고한 방패처럼 당신을 지켜주는 힘이 된다. '누군가 나를 사랑해줬으면' 하고 기대한다면, 스스로에게 물어보자. 우리는 어떤 근거로, 상대방에게 나를 사랑해달라고 요구할 수 있을까?

02

인간관계는 하나씩하나씩 쌓아가는 것

"나비를 쫓지 말고, 당신의 정원을 가꿔라.
그러면 나비가 자연스럽게 찾아올 것이다."
– 마리오 킨타나

서머와 샤오웨이는 SNS에서 서로의 사진을 보고 첫눈에 반했다. 개인 프로필에서 취미에 이르기까지 모든 항목이 서로가 동경하는 그대로였다.

서머는 샤오웨이의 외모와 활달한 성격, 여행을 좋아하고 요리를 즐기는 점이 마음에 들었다. 샤오웨이는 서머의 외모에 만족했다. 화끈한 몸매는 말할 것도 없고 자기와 마찬가지로 음악과 전시회를 좋아했다.

두 사람은 함께 야외활동을 하는 것보다 소통과 영혼의 성장을 더욱 중시했다. 그래서 가상의 세계에서 이야기를 나눈 지 일주일 만에 두 사람은 매일 아침 일어날 때나 밤에 잠자리에 들 때 안부 인사를 나누었고, 끼니를 잘 챙겨 먹으라는 메시지를 빈번하게 보냈다. 두 사람은 열애에 빠진 연인 같았지만 실제로는 한 번도 만난 적이 없다.

어느 날, 서머는 오전 내내 샤오웨이의 안부 메시지를 받지 못했다. 그러자 서머는 안절부절못하며 일도 제대로 하지 못하고, 심지어 회의에서는 부서의 브리핑에도 집중할 수 없었다. 상사는 서머에게 번아웃이 온 줄 알고 부서의 동료에게 혹시 서머가 커피를 마시지 않아 집중을 못 하는 것 아니냐고 물었다.

이러한 상태가 2주간 지속되자 서머와 함께 일하는 사람들에게 반감이 생기기 시작했을 뿐만 아니라 중요한 고객도 잃고 말았다. 감정 때문에 일희일비하느라 업무에 빨간불이 들어오기 시작한 것이다. 서머는 돌연 자신이 '낯선 사람' 하나 때문에 정신을 못 차리고 있다는 사실을 발견했다. 더구나 그 대가는 너무나도 컸다. 심지어 승진 기회조차 물 건너가고 말았다.

그러나 서머는 여전히 매일 휴대폰을 바라보며 샤오웨이에게 메시지가 오는지 안 오는지 확인했다.

3주 이상 지났을 무렵, 샤오웨이가 먼저 연락을 해왔다. 그는 지금까지 연락할 수 없었던 이유를 설명하며 사과했다. "해외 출장을 가서 휴대폰을 계속 보기가 불편했어. 게다가 관리자가 계속 내 옆에 있었지, 뭐야", "최근 프로젝트를 맡게 되어서 그 업무를 완성하는 데만 집중했어." 핑계라 하더라도 서머는 기뻤다. 두 사람은 주말 저녁에 함께 식사하기로 약속했다.

그런데 한껏 기대에 부푼 첫 번째 만남에 나타난 샤오웨이는 사진 속 그 사람이 아니었다. 흥미와 기호도 서머가 동경하던 것과 달랐다. 말이 통하지 않는 사람과는 반 마디도 많게 느껴지는 법, 멋쩍은 분위기에서 1시간도 되지 않아 두 사람은 시작한 지 2개월도 채 되지 않은 '랜선 연애'를 허둥지둥 마무리했다.

오래 가려면 천천히 가라

—

과도하게 사랑을 갈망하는 사람은 운명 같은 상대를 찾으려고 한다. 몇 장의 사진만으로 상대방에게 호감이 생기고, 처음 만났을 때 앞으로의 미래를 이야기할 준비를 한다. 판단력이 흐려진 상황에서 자기도 모르게 상대방의 침상에 오르고……. 욕망의 시작과 끝까지 마치 불나방처럼 행동한다. 백 번을 시도하다 보면 결국 한 번의 진실한 사랑을 만날 것이라는 희망을 품는다. 그럴수록 상황은 안 좋아지고 공허감은 커져만 간다는 사실을 깨닫지 못한 채.

누군가를 진심으로 알아가고 싶다면 부디 상대방을 관찰할 시간을 가져라. 급하게 원래의 리듬을 깨뜨려서는 안 된다. 진정한 사랑은 시간을 들여 천천히 무르익는다. 성격부터 공통의 기호에 이르기까지 시간을 두고 적응해야 하고, 경제관념이나 미래의 발전 또한 마찬가지다. 이 모든 과정은 누에고치에서 실을 뽑듯 천천히 제대로 느껴야 한다. 절대 하루아침에 알 수 없는 일이다.

너무 빠른 속도로 나아가는 것은 대부분 진정한 사랑에 이르지 못한다. 상대방은 당신이 외로움과 고독에서 벗어나기 위해 붙잡은 지푸라기일 가능성이 있다. 혹은 전 연인에게 남은 미련의 대체품일 수도 있다.

상대가 나에게 적응할 시간을 주어라
—

바쁜 하루를 보내는 현대의 남녀들은 깊은 밤 홀로 고요한 외로움에 잠긴다. 그리고 강인한 척, 대범한 척 억눌러왔던 감정들 때문에 알 수 없는 행복을 갈망하게 된다.

냉혹한 현실을 꿰뚫어보며 사랑 노래의 선율에 귀 기울이고, 여행을 통해 마음의 균형을 찾기도 한다. 또는 과거의 아쉬움을 떠올리며 화려한 밤의 환상 속에 빠져들기도 한다. 그렇게 비틀비틀 걸어가다 보면, 사랑은 어느 한쪽의 마음만으로는 결정되지 않는다.

당신이 함께해야 할 사람은 손을 잡고 같은 길을 향해 나아가는 사람이다. 그리고 함께 '집'으로 돌아올 수 있는 사람이다.

억지로 맞춘 연인은 접점 없는 2개의 평행선처럼, 함께 집에 돌아가는 척하지만 마음속으로는 각자 다른 방향을 떠올리며 혼자만의 안정을 원한다.

조금만 속도를 늦추고, 내 마음의 진짜 목소리에 귀 기울여보자. 지금 곁에 있는 사람이 진짜 나와 잘 맞는 연인인지, 아니면 억지로 맞춘 관계인지를 내면의 자아는 알고 있다.

03
스무 살 이후의 인생은 자신이 써나가야 한다

"삶의 모든 것을 100% 책임지겠다고
받아들이는 순간, 당신은 삶의 어떤 것도
바꿀 수 있는 힘을 손에 넣게 된다."
－《미라클 모닝》(할 엘로드)

대부분의 사람들은 정해진 틀 안에서 살아가고, 인생을 건 모험에 과감하게 도전하기는 쉽지 않다. 가장 큰 이유는 남들이 걷지 않은 길을 선택했다가 실패할까 봐 두렵기 때문이다.

어느 날, 광고 일을 하는 친구와 식사를 하며 이야기를 나눴다. 마흔여섯의 로즈는 아름다운 외모에 대범한 성격을 지녔지만, 마음속에는 과거의 선택에 대한 후회가 남아 있다. 그녀와 만나면 십중팔구 대화의 시작은 일에 대한 불만과 삶의 무상함에 대한 하소연이다. 때때로 불공정한 사회에 대한 비판도 있지만 대부분은 이런 이야기다.

"신용카드 결제일이 월급날 전이야. 이번 달에는 조금이라도 저축할 수 있을 줄 알았는데, 역시 쉽지 않네……."

"늘 일에 쫓기다 보니 제대로 쉬어본 기억이 없어. 아무 일도 하지 않고 느긋하게 쉬고 싶어. 진짜 너무 지쳤어."

"그 사람도 나를 사랑하고, 나도 그 사람을 사랑해. 하지만 이제는 나 자신을 위한 시간도 필요해. 그 사람 앞에서 가면을 쓰고 싶지 않거든."

로즈의 이야기를 듣고 나면, 대다수의 사람들이 숨 막히는 일상을 살아가고 있다는 사실을 알 수 있다. 업무에서 성과를 보여주어야 하고, 더 높은 월급과 직함을 좇으며 하루하루를 버텨낸다. 불안할수록 우리는 더욱 서둘러 출구를 찾고, 눈앞의 곤경을 해결하고 싶어진다. 결국에는 더 많은 일을 하면서 금전적인 부족에서 오는 불안을 해소할 수밖에 없다.

사람들이 끊임없이 타인에게 사랑받고자 애쓰는 것도 사실은 내면의 열등감을 분산시키려는 무의식적인 시도일지 모른다. 멋진 사진을 공유하며 화려한 모습을 보여주지만, 정작 자신의 가장 솔직한 고민은 드러내고 싶어 하지 않는다.

일이 풀리지 않을 때는 차라리 멈춰보자
—

삶에는 진실과 허상이 항상 얽혀 있다. 우리는 자신의 요구를 채우기 위해 노동력을 지불하고, 그렇게 번 돈은 다시 욕망을 충족하는 데 소비된다. 사실상 우리는 일상의 지출을 충당하고 삶의 질을 향상하기 위해 일한다.

로즈가 비관적인 성격을 가지게 된 이유는, 일이 너무 바빠서 삶의 질이 떨어지기 때문이다. 반복되는 일상이 그녀의 중심을 흔들었고, 결국 도피를 선택하게 되었다. 목표 없이 일에 몰두하며 마치 로봇처럼 살아가면 몸과 영혼은 점점 마비되고 인간관계 역시 별반 달라지지 않는다.

나는 로즈에게 삶의 속도를 좀 조절해보라고 제안했다. "마음을 편안히 하고, 긴장을 풀고, 천천히 살아보세요!" 그리고 생활의 중심을 다시 찾고, 인생 후반을 준비하면서 경제적인 기반도 마련하고, 취미나 제2, 제3의 기술을 배워보라고 말했다. 현재를 자유롭게 살아가면 마음이 넓어지고, 사고도 더 유연해지며, 고민도 자연스럽게 줄어든다. 그렇게 되면 인생도 점점 더 좋은 방향으로 흐른다.

사회에 나서면 다양한 사람들을 만나게 된다. 가정 배경이 부유하거나 넉넉한지는 차치하더라도, 어떤 사람들은 유독 좋은 일이 끊이지 않는다. 그들은 전문성과 넓은 인맥을 갖췄고, 언제나 '긍정적인 순환'이 이어진다. 예를 들어 집 안에 필요 없는 물건은 필요한 사람에게 기부해서 일상을 단순하게 정리한다. 일이 잘 풀리지 않을 때도 사고방식을 전환해 문제를 마주하고, 감정이 이성적인 판단을 방해하지 않도록 소통과 해결에 집중

한다.

사랑도 결국 하나의 에너지 순환이다. 누구나 문제를 성숙하게 바라보고 해결할 수 있는 힘을 지니고 있다. 일상의 작은 변화부터 시도해보자. 그러다 보면 '더 여유롭고 유연한 마음으로 일도 잘 풀리고 인간관계도 훨씬 단순해진다'는 것을 실감하게 될 것이다.

관계로 인해 삶 전체가 흔들릴 수는 없다
—

열심히 일하는 것은 일에 대한 기본적인 존중이다. 하지만 그 노력이 지나쳐 삶의 90퍼센트가 오직 일에만 쏠려 있다면, 이는 본말이 전도된 것과 다름없다. 당신이 직접 회사를 운영하거나 창업자라면 다르겠지만, 일이 삶의 전부가 되어서는 안 된다. 결혼을 했든 안 했든, 사랑에 상처받았든 아니든, 일에 몰두한 만큼 정당한 보상을 받는 것이야말로 진정한 공정함이라 할 수 있다.

하지만 인간관계를 피하고 싶어서, 혹은 자존심이 지나치게 강하거나 열등감으로 인해 일에 몰입할 동기를 잃어버렸다면 당신은 점점 더 불행해진다. 그리고 언젠가 일조차 당신을 외면하게 되는 순간, 삶 전체가 뒤흔들릴 수 있다.

생활은 우리의 삶을 지탱하는 기초이며, 일은 그중 일부일 뿐이다. 풍요롭고 다채로운 삶은 정해진 각본을 따르는 것이 아니라, 오랜 시간에 걸쳐 스스로 찾아내는 것이다. 스무 살 이전의 인생은 부모가 대신 써준 각본일지 몰라도, 스무 살 이후의 인생은 오롯이 스스로 써 내려가야 한다. 기쁨이든 슬픔이든, 좌절이든 성공이든, 문을 닫고 실컷 울고 나서 마음을 가라앉히다 보면, 진짜 성장의 의미를 발견하게 될 것이다.

최선을 다하고 결과는 하늘에 맡겨라

—

이미 결정된 사실은 받아들여보자. 행운이 따른다면 삶은 긍정적인 방식으로 응답할 것이다. 어쩔 수 없는 상황이라면, 그저 머쓱하게 앞으로 나아가는 수밖에 없다. 이럴 땐 위축되지 말고, 과하게 긴장하거나 억지로 애쓰지도 말아야 한다. 이것이 바로 성숙한 어른의 태도이다.

인간관계나 일상에서 당신은 충분히 했는데도 냉담한 반응이나 무시, 혹은 날 선 말들이 돌아온다면, 그 이유는 다음과 같다. 당신의 진심이 충분히 전해지지 않았거나, 해결 방식이 일방적이고 이기적으로 비쳤기 때문일 수 있다. 서로의 입장을 바꿔 생각하지도 않았고, 공감도 이루어지지 않은 것이다. 상대방도 나름의 감정적인 대가를 치르고 있다는 사실을 잊지 말자.

더 이상 과거에 얽매이지 마라. 이제는 마음을 훌훌 털어낼 때이다. 모든 일에는 끝이 있고, 언제든 새로운 시작을 할 수 있다. 누군가의 시간이 더 중요하다고 할 수 없다. 누구에게나 주어진 시간은 다르지만, 좋은 관계를 맺을 수 있는 상대에게 마음을 쏟아야 한다.

이미 최선을 다했다면, 더 이상 보답을 기대하며 기다릴 필요 없다. 기뻐도 하루, 슬퍼도 하루이다. 그런데 왜 스스로에게 벌을 주듯 새로운 하루를 망치려 하는가?

하루하루를 잘 살아내고, 즐거움을 누리며 더 나은 날을 만들어가자. 그래야 부정적인 감정의 늪에서 스스로를 구해낼 수 있다.

04

내 삶의 중심을 타인에게 넘기지 마라

"다른 사람들에게 당신의 행복, 마음,
그리고 삶을 통제할 권한을 넘겨주지 마라.
스스로를 통제하지 않으면,
다른 누군가가 당신을 통제하려 할 것이다."
– 로이 T. 베넷

어느 날, 타이베이 거리의 한 카페 통유리창 앞에 앉아 조용히 제스의 이야기를 듣고 있었다. '아직도 이런 사람이 있구나' 싶었다. 자신의 사랑을 묵묵히 기다리고 있는 사람 말이다.

여행 전문 잡지의 편집장으로 10년간 일해온 제스는, 스트레스와 시간에 쫓기던 복잡한 일상에서 벗어나고 싶어 일을 그만두었다. 이제는 여유롭고 단순한 일상을 꿈꾸며, 제대로 된 연애를 해보고 싶었다. 언젠가 웨딩드레스를 입는 날이 오길 바라면서.

서른여덟 살이 된 제스의 내면에는 여전히 순수하고 낭만적인 소녀가 살고 있었다. 몇 년 전, 결실을 맺을 수 있을 거라 믿었던 상대를 만났지만 안타깝게도 그는 관계를 진지하게 받아들이

지 않았다. 제스와 함께 화려한 밤을 보내고, 밥을 먹고, 쇼핑하고, 모임에 동행할 파트너로만 그녀를 원했을 뿐이다.

두 사람은 안정적인 미래에 대해 진지하게 이야기해본 적이 없다. 그러니 애초에 두 사람 사이에 미래의 계획이라는 것이 있을 리 없었다.

그에게 진심으로 마음을 쏟았던 제스는 쉽게 관계를 놓지 못하고 그저 그가 자신의 진심을 알아주기를 기다렸다. 언젠가는 그가 마음을 돌려서 두 사람의 관계를 진지하게 바라봐 주기를 바랐다.

하루하루가 지나고, 제스는 이제 삶의 중심을 찾아야겠다고 말했다. 이미 반년 넘게 그 사람은 아무런 소식이 없었고, 제스도 석사과정 수업으로 바쁜 나날을 보내며 예전의 혼란스러운 감정도 서서히 희미해져 갔다.

매일 네다섯 권의 원서를 읽으며 논문 준비에 몰두했고, 그렇게 점점 스스로에게 충실하고 자유로워진 자신이 좋아지기 시작했다.

마치 하늘도 제스의 노력과 적극적인 태도를 알아본 듯, 직장인이었다가 학생이 된 후 인간관계도 더 좋아졌다.

제스는 과거 여행 잡지의 편집장으로 일했던 경험을 다른 학생들과 자연스럽게 나누었고, 뜻밖에 큰 인기를 얻었다.

그리고 얼마 지나지 않아 외국인 남자친구도 생겼다. 두 사람은 말하지 않아도 마음이 통할 만큼 잘 맞는 사이였다. 제스는 마침내 사랑의 꽃이 피고 열매를 맺게 된 것이다.

어느 날 저녁, 제스는 예상치 못한 메시지를 받았다. 전 남자친구로부터 온 것이었다. 처음에는 그저 안부를 묻는 것이겠거니 했는데, 마치 명령하고 지시하는 듯한 내용이었다.

"누구누구 좀 찾아줄 수 있어? 우리 회사 프로젝트에 그 사람의 도움이 필요해. 나 대신 스케줄 좀 잡아주고, 될 수 있으면 빨리 답변해줘. 그리고 레스토랑 예약도 좀 해줘……."

반년 동안 연락이 없던 그가 이런 식으로 부탁 아닌 요구를 하는 것에 제스는 화가 치밀었다. 그녀는 답장을 보내기는커녕 그의 연락처를 지우고 차단해버렸다. 좋은 친구로도 남을 수 없는 사람이었다.

그때 제스는 깨달았다. 그녀는 항상 상대방의 마음에 자신이 남아 있을 거라고 생각했지만, 사실 그는 자기가 원하는 것만 취하고, 제스는 그가 시키는 일만 하는 비서나 다름없었다.

다행히 지금 제스에게는 자신을 진심으로 사랑해주는 남자친구가 있다. 제스는 자신이 더 사랑받을 가치가 있다는 사실을 깨닫게 된 것을 감사하게 여기고 있다.

'이제 그만'이라고 말할 수 있는 용기

어떤 사람들은 더 이상 사랑하지 않으면서도, 습관처럼 명령하듯 행동하며 자신을 깊이 사랑해준 상대에게 여전히 '존재감'을 드러내려 한다. 하지만 이런 행동은 상대방에게 큰 상처를 준다. 그들은 단지 관계가 조금이라도 더 오래 지속되기를 바라며, 이별을 늦추려 할 뿐이다.

나쁜 사람 앞에서 단호하게 '이제 그만하자'라고 말할 수 있는 사람은 많지 않다. 과거에 사랑했다고 해서 지금도 사랑하는 것은 아니다. 한때는 사랑했지만, 지금은 그저 간신히 형태만 유지하는 관계일 뿐이다.

이런 사람들은 오히려 당신을 더 바쁘게 만들고 해야 할 일을 늘려 점점 멀어진다. 하지만 일부러 귀찮게 하지는 않는다. 마치 자연스럽게 멀어지는 것처럼 행동하면서도, 당신이 여전히 헌신하기를 바란다.

그 사람은 당신이 '기꺼이 해주고 받아들인다는' 점을 이용할 뿐이다. 당신도 그 사실을 알면서도 쉽게 관계를 끊지 못하고, 그저 끌려가기만 한다. 겉으로는 아무렇지 않은 척하지만, 사실은 이미 돌이킬 수 없는 끝을 향해 가고 있다.

길을 잃지 않도록 발밑을 밝혀주는 사람

—

한 사람을 사랑한다는 것은 그 사람의 화려한 일면만을 사랑하는 것이 아니라, 모든 진실한 면모를 사랑하는 것이다. 사랑에 빠지면 자신이 추구하는 것과 맡은 역할에 따라 어느 것이 진짜이고, 어느 것이 가짜인지 구분하기 어려울 때가 많다. 비록 그 사람과 관련된 모든 것을 보았다 하더라도, 당신과 그 사람이 정말 완벽한 커플인지를 확신하기 어려운 순간들이 있다.

사랑하는 사람이라도 힘겨루기나 금전적인 격차가 생기면, 약한 쪽은 자연스럽게 열등감을 느끼게 된다. 상대방이 높은 곳에 있는 태양이라면, 당신은 마음을 다잡고 그를 따르기로 결심해야 한다. 그를 사랑하겠다고 결심했다면 최선을 다해 그의 성과를 따라가라. 그렇게 한다면 당신도 성장하고 더 넓은 시야를 가질 수 있을 것이다.

상대방이 당신의 길을 밝혀주는 등불이라면, 그 사람을 소중히 아껴야 한다. 우리의 인생에서 진정으로 나에게 속한 사람은 매우 드물다. 그 사람이 원망이나 후회 없이 당신을 지켜주고 밤낮없이 등불을 밝혀주는 이유는, 당신이 힘들게 집으로 돌아올 때 길을 잃지 않게 하려는 마음 때문이다.

05

인간관계에도 쉼이 필요하다

"사람은 혼자 있는 법을 배워야 한다.
군중 속에서만 행복을 느끼는 사람은
피상적인 사람이다."
– 프리드리히 니체

모든 사랑에는 아쉬움이 남게 마련이다. 자신이 먼저 상대를 놓아주었든, 아니면 상대방이 떠나는 모습을 두 눈으로 똑똑히 보았든, 우리는 한 가지 중요한 사실을 배우게 된다. 바로 "마음을 내려놓고, 조금은 무덤덤하게, 다시 마주하는 것"이다.

한 사람을 완전히 떠나보내는 데 얼마나 시간이 걸리는지 생각해본 적이 있는가? 상처와 좌절이 잊혀지고, 몇 번의 적응을 거쳐야 비로소 회복될 수 있을까? 새로운 환경과 평온한 마음을 얻는 데 또 얼마나 많은 시간이 필요할까? 새로운 관계에서 언제나 평화로운 공존을 유지할 수 있을까? 우리 모두는 각자 다른 시간과 공간에서 심경이 변하고, 그에 따라 결과도 다르게 나타난다.

3년 전, 출장으로 베이징에 갔을 때 그 도시의 솔직한 매력에 푹 빠졌다. 사람들이 주고받는 말과 눈에 들어오는 풍경, 게다가 문화적 차이도 익숙하면서 신선하게 다가왔다. 서른네 살에 베이징으로 옮겨 가 살면서 외로움도 느꼈지만, 더 이상 타이베이의 친구들에게 하소연하거나 내면의 고민을 털어놓지 않았다.

나는 점점 더 용감하고 자주적인 사람이 되었고, 아름다웠던 과거를 되돌아보지 않게 되었다. 모든 관계 속에 숨겨진 가치와 성숙함을 깨닫고, 세상을 이해하게 되었다. 그러자 마음이 무겁고 힘들 때 묵묵히 집으로 돌아와 한바탕 울고 나면 다음 날 다시 무장하고 새로운 출발을 다짐할 수 있었다.

나는 점차 깨달았다. 인생에서 쉼표는 원점으로 돌아가 새로운 시작을 하는 것이다. 아무리 풀리지 않던 매듭도 새로운 방법을 시도하다 보면 어느새 풀린다. 그때 비로소 새로운 장면이 펼쳐지고, 다음 장으로 나아갈 수 있다. 결국 완전히 새로운 역할을 맡은 자신과 '마음'의 관계를 새롭게 형성해야 한다.

과거에는 마음속에 수많은 의문이 있었다. 깊이 사랑했던 사람, 잠시 의지하다가 아무 말 없이 헤어진 사람들. 몇 년이 흐른 후 그 순간을 떠올리면 여전히 미소 지을 수 있다. 상대방의 모습이 더 이상 기억나지 않아도, 안부를 묻고 싶지만 괜히 방해할까 봐 그저 마음 깊은 곳에 묻어두곤 한다. 당신은 독립하는 법을 배우고, 아무 이유 없이 끝난 관계에서 남은 아쉬움을 손에서 놓고 더 이상 붙잡으려 하지 않는다.

타인의 기대보다 자신의 기대에 맞춰라
—

함께 미래를 꿈꾸다가 한 사람이 일찍이 현실을 깨닫고 더 실질적인 목표를 향해 홀로 나아갈 때, 남겨진 사람은 이해할 수 없고 심지어 억울한 마음과 후회에 사로잡힌다. 하지만 그 잔인한 시간이 지나고 나면 두 사람은 각자 상대방이 무엇을 동경했는지 조금씩 알게 된다. 시간이 조금 더 흐르면, 해결되지 않은 답안은 결국 흐지부지 사라지고 만다.

당시 두 사람의 눈에는 오로지 상대방만 보이고, 이해받지 못하는 슬픔에 깊이 빠졌지만, 둘 중 누구도 상대방에게 감정의 빚을 지고 싶지 않았다. 그저 미래가 없는 현실에서 벗어나고 싶었을 뿐이다. 그동안 자신이 최선을 다한 모든 것이 완전히 낭비였다는 사실을 누구도 인정하고 싶지 않다. 더 이상 상대방이 존재하지 않는 낮과 밤을 상상하고 싶지도 않다. 꿈은 단순하지만 생활은 힘겹다.

지금의 당신은 더 이상 자신을 딜레마에 빠뜨리고 싶지 않다. 당신이 이미 무엇을 원하는지, 더 이상 다른 사람의 호감을 얻으려 하지 않는 이유가 무엇인지 잘 알기 때문이다. 남은 체력과 눈물을 더 이상 아무 이유 없이 낭비하고 싶지 않다.

우리는 모두 성장하고 변화한다. 그 배경에는 괜한 억지를 부리게 만드는 무지(無知)뿐만 아니라, 물불 가리지 않고 사랑에 빠졌던 풋풋함도 있다. 당신은 과거의 용기에 감사해야 한다. 그것이 지금 최고의 당신을 만들었기 때문이다.

더 나은 내일을 원한다면 어제의 습관부터 버려라
—

놓지 못하는 사랑을 계속 붙잡고, 겉과 속이 다른 말을 늘어놓는 이유는 대부분 이미 자신의 미래를 사지로 몰아넣었기 때문이다. 마치 일부러 벽에 부딪히기를 반복하는 것처럼 말이다. 24시간 내내 당신의 감정을 보살펴줄 의무는 누구에게도 없다. 많은 상처로 인한 무력감이든, 뜻대로 되지 않는 약속이든, 혹은 상대방이 예고 없이 당신의 손을 놓아버렸든, 그것은 이미 일어난 사실이고 더 이상 바꿀 수 없는 결과이다.

인생의 모든 순간을 슬픔에 빠져서 보내고 싶지 않다면, "최악의 상황도 이미 지나갔는데, 앞으로 더 나쁜 일이 생기겠어? 이제부터 새로운 계획을 세워보자!"라고 생각하며 용감하게 발을 내디뎌보자.

경제적으로 여유로우면 좋겠다고 느낀다면 일을 해서 돈을 벌고 투자를 시작해보자. 멋지고 즐거운 나날을 보내고 싶다면 자기에게 유익한 친구들을 신중히 선택해보라. 안정적으로 발전시킬 사랑을 원한다면 혼란을 주는 친구는 차단하자. 더 이상 다른 사람이 자신을 깔보는 것이 싫다면, 더욱 강하고 책임감 있는 사람이 되어보자.

옛 기억을 떠올리며 과거에 갇혀 살아가면 일시적으로 편하고 여유로워 보일 수 있다. 그러나 이런 상황이 오래 지속되면, 마치 미지근한 물에 잠긴 청개구리처럼 변해버린다. 다른 사람들은 이미 큰일을 이루고 수확을 준비하는데, 당신은 여전히 같은 자리에 서서 제자리걸음을 하며 불평과 불만만 늘어놓고 있다.

인생은 당신의 것인가, 아니면 다른 사람의 기대에 따라 사는 것인가? 당신은 계속 알 수 없는 상황으로 혼란에 빠져 있다. 때로는 몸과 마음이 위축될 수도 있지만 결국 깨달음을 얻고 스스로의 주인이 되어야 한다.

같은 꿈을 꾸는 사람들과 함께하라

—

세월이 흐르고 사람들은 각자의 길을 간다. 어떤 이들은 크게 전진하고, 또 다른 이들은 여전히 같은 자리를 맴돈다. 때로는 이

번 생에서 다시는 만나지 못할 사람도 있다. 끊어진 인연은 다시 이어질 기회가 없고, 다시 만나더라도 난처함만이 남을 뿐이다.

몇 년이 지나면 우리는 과거와는 전혀 다른 모습의 상대방을 만나게 되고, 그들의 변화를 이해하거나 책임질 수도 없다. 상대방의 보수적이고 이기적인 말투에 놀라기도 하겠지만, 그들이 왜 그렇게 변했는지에 대해 한 번쯤은 생각해본 적이 있는가?

사람은 종종 자신이 가장 아쉬워하는 것, 열등감, 놓을 수 없는 것에 집착하며 자신이 믿는 것을 증명하려 한다. 대다수의 사람은 사랑 때문에 상처받은 후 새로운 에너지를 얻어, 자신의 영혼을 일깨우고 앞으로 나아간다. 더 이상 상처에 머물며 시간을 낭비하지 않고, 계속해서 앞으로 나아가야 하기 때문이다.

한번 용감하게 전진하기로 결심했다면, 언제든지 새로운 삶을 멋지게 만들어갈 수 있다. 자신을 소중히 여기고 사랑해줄 사람을 만날 수도 있다. 열등감을 내려놓으면, 더 이상 다른 사람과의 거짓된 평화를 유지하려 하지 않아도 된다. 인연이 없는 사람과는 멀어져야 비로소 나와 맞는 사람을 만날 기회가 생긴다.

06
공허함을 채우려고 사람들을 만나지 마라

"관계는 충만함의 결과이지,
공허함을 채우기 위한 도구가 아니다."
— 에스터 페렐

누구나 행복하고 아름다운 날들을 꿈꾼다. 하지만 현실은 종종 우리에게 선택을 강요한다. 직장을 선택하면 일에 모든 에너지를 집중하고 세밀한 부분까지 신경 써야 한다. 다른 경쟁자들보다 더 많은 기회를 얻으려면 그만큼 개인적인 시간을 줄여야 한다. 그 대가로 생활에는 따뜻함이 부족해지고, 사랑하는 사람은 불만이나 불안감을 느낄 수도 있다.

개인적인 삶을 선택하면, 그 사람을 아끼고 보호하는 데 온 정성을 다해야 한다. 사랑하는 사람 옆에 있어주고, 관심을 기울이지만, 현실은 때때로 한밤중에 꿈에서 깨어나듯 우리를 일깨운다. 돈은 항상 부족하고, 지출은 수입을 넘어서며, 신용카드 결제도 리볼빙으로 겨우 해결한다.

물론 일과 삶을 모두 선택하면 행복하겠지만 거의 불가능한 일이다. 많은 사람들이 자신을 헌신해서 일을 하며 그렇게 해서 번 돈으로 가족을 돌본다. 미래의 계획은 그저 나중의 이야기일 뿐이다.

샘의 아내는 남편이 일에 대한 야망이 부족해서 8년이나 회사를 다니고도 과장을 벗어나지 못한다고 불만이었다. 매달 생활비는 부족하고, 자가용도 없어서 외출할 때는 버스와 지하철을 타야 했다. 결혼기념일에도 절약하느라 외식 한 번을 하지 못했다. 생활은 무미건조했고 결국 아내는 "돈이 없어서 현재의 생활도 불안정하고 미래도 보이지 않는다"는 이유로 14년간의 결혼 생활을 끝냈다. 과연 샘이라고 삶의 질을 향상시키고 싶지 않았을까? 다만 아내가 기다려주지 못했을 뿐이다. 지금 샘은 집을 세 채나 소유하고 화려한 싱글 라이프를 즐기고 있다.

즐거움을 함께할 친구는 드물지 않지만, 고난을 함께할 사람은 적다. 세월의 풍파를 겪으면서 샘은 오랫동안 변함없는 사랑을 믿지 않았고, 한 사람을 완전히 신뢰하기도 힘들었다. 비록 괜찮은 조건의 사람들과 데이트하고, 잘해보려고 해도 결국 번거롭다는 이유로 관계가 발전되지 않았다.

어느 날, 모임이 끝난 후 나는 샘과 길모퉁이에 있는 바에서 근황 이야기를 나눴다. 큰형님 같은 풍모를 가진 샘은 자신이 53년 동안 겪어온 인생 이야기를 기꺼이 들려주었다. 샘은 웃으며 말했다.

"나를 봐. 얼마나 자유로워. 꼭 누군가와 함께 살아가야 하는 건 아니야. 외로움은 어떻게 보느냐에 따라 달라지는 법이지. 안정된 수입만 있으면 삶이 완벽해져."

샘의 말투와 행동에서는 조금의 외로움도 느낄 수 없었다. 그의 자신감과 여유가 매력적으로 느껴졌다. 샘은 사랑이 언제 찾아올까 조급해하지도, 두려워하지도 않았다. 이처럼 좀 더 유연한 마음으로 자신의 일상을 돌보는 것이야말로 행복한 삶이 아닐까.

하루하루를 착실하게 보내면 결코 외롭지 않다
—

"자신을 사랑하고, 자신을 잘 대하라"고 말하는 책들이 많다. 하지만 진정한 사랑은 그런 이론적인 이야기에서 나오는 것이 아니라, 오히려 아주 작은 일상에 있다. 자기 자신을 잘 돌보고, 안정적인 직업을 가지며, 취미를 즐기고, 평범한 일상을 지키는 것이다. 사랑은 반드시 눈부시게 빛나는 것이 아니라, 오히려 단순한 것이다. 심지어 자율적이고 자연스러운 습관이 될 수도 있다.

따끈따끈한 국수 한 그릇을 즐기고, 나름대로 최선을 다해 업무를 마무리 짓고, 편안하게 앉아 미국 드라마를 보고, 안정적인 정서를 유지한다. 더 이상 쓸모없는 사람이나 일에 시간과 정신을 소모하지 마라. 비록 이따금 비바람이 닥칠 때도 있지만 스스로 자신을 위해 바람막이가 되어주면 예상치 못한 일이 닥치더라도 헤쳐나갈 수 있다.

주도권을 가지려면 너무 가까이 다가가지 마라

—

혼자 보내는 시간 동안 통쾌하게 웃어본 적이 있는가? 또는 상대방의 세심한 배려에 감동한 적이 있는가? 누군가 당신의 이름을 기억해주고, 서로 아침 인사를 주고받는 사소한 일에서도 삶의 아름다움을 느낄 수 있다.

사회생활을 하면서 우리의 마음은 점점 굳어져서 여유와 따뜻함을 잃어버렸다. 겉으로 냉정한 척하는 이유는 상처받을까 봐 두렵기 때문이다. 살아남기 위해 필사적으로 노력하면서 처음 가졌던 마음가짐과 이상을 잊어버린다.

그래서 당신은 엄격한 기준으로 사랑하는 사람을 대한다. 과거의 상처로 인해 더 이상 사랑에 빠지지 못하고, 어떤 일이든 거리를 두는 습관이 되었기 때문이다. 소통이 어려워진 것은 물론, 관계에서도 긴장감과 질투가 자리 잡는다.

주도권을 가지고 자신을 지키려면 다른 사람과 거리를 둘 수밖에 없다. 하지만 그런 마음을 내려놓고, 지금까지 함께해준 가족과 친구들에게 감사하는 마음을 가지자. 그리고 다른 사람들이 자신의 생각이나 방식을 표현할 수 있도록 유연한 태도를 가지자. 그렇게 하면 당신은 편안한 마음으로 생활할 수 있고 더 큰 기쁨을 느낄 수 있다. 또한 모든 관계가 더 자유롭고 원만해질 것이다.

관계 속에서 고독감을 느끼지 않는 법

—

서로 사랑하는 두 사람은 각자의 개성과 성격을 가지고 있다. 하지만 사랑하기 때문에 서로 의지하고 아껴주는 것이다. 그 관계를 경쟁처럼 여긴다면, 자존심을 지키기 위해 승패를 가리려 할 것이다. 그러나 진짜 사랑은 이기고 지는 싸움이 아니라 함께 오래 머물며 불꽃을 피워가는 과정이다. 사랑을 대하는 방식은 사람마다 다르지만 관계를 오래 유지하고 싶다면 상대방을 이해하고 양보할 줄 알아야 한다. 그래야 사랑이라는 게임에서 패하지 않을 수 있다.

혼자인 사람은 고독을 두려워한다. 그러나 자신의 반쪽이 있는 사람 또한 고독이 두렵다. 고독에서 비롯된 적막감을 느끼지 않으려면 마음의 문을 활짝 열고 제대로 이야기를 나누고, 자존심을 내려놓을 줄도 알아야 한다. 그래야 사랑의 의미가 변치 않고 오래 지속된다.

먼저 고개를 숙이고 약한 모습을 드러내는 사람이 항상 패배자는 아니다. 때로는 상대방을 소중히 여기기 때문에 먼저 숙이고 들어가며 될 수 있는 한 현재를 즐기는 것이다.

이러지도 저러지도 못하는 딜레마에 빠지기보다는 자신의 초심을 한번 떠올려보라. 누구나 다 사랑하기 때문에 함께 있는 것이다. 지금 당신 곁에 아무도 없다고 해도 고독감 때문에 내면의 공허함을 채우기 위해 아무나 사랑하지는 마라.

07

한 걸음 물러나면 더 나은 선택을 할 수 있다

"서두르지 말고, 쉬지도 말라!
이 격언을 가슴에 새겨라.
폭풍우나 햇빛 속에서도 그것을 잘 지켜라."
― 요한 볼프강 폰 괴테

친구 타냐는 업무용 다이어리에 하루의 일정을 가득 채우는 습관이 있다. 서른두 살의 타냐는 성격과 관념의 차이 때문에 여러 번 남자친구와 헤어졌다. 타냐는 자기만의 독특한 삶의 속도를 가지고 있다. 그래서 일단 자기 뜻과 맞지 않는 일이나 변동이 생기면 하루 종일 어쩔 줄 몰라 한다. 대다수의 사람은 타냐의 과도한 완벽주의를 견디지 못한다.

타냐와 사귀었던 남자들을 돌이켜보면 한 사람도 반년을 넘긴 적이 없다. 타냐와 이별하고 나면 종종 남자친구였던 사람들은 안도하며 이렇게 말했다. "드디어 이상한 여자랑 헤어졌어!", "정말 한도 끝도 없네. 도대체 왜 모든 일을 계획해야 하는 거야? 피곤하지도 않은가?", "낮에는 평생 함께하자고 그러더니 밤이 되면 울면서 헤어지자고 하고……. 도저히 감당할 수 없을 정도로 인격이 확확 바뀌잖아……."

이별의 이유는 수백 가지이지만 우리는 전혀 이상하게 생각하지 않았다. 그런데 타냐는 왜 항상 사귀는 남자들에게 그런 인상을 주었을까?

타냐를 알게 된 것은 업무상의 거래 때문이었다. 타냐는 우리 협력업체의 직원이었고, 나는 그녀의 세심하고 신중한 일 처리가 마음에 들었다. 그리고 그녀가 믿을 수 있는 창구의 역할을 한다고 생각했다. 그러나 몇 번 만나보고 깨달은 사실이 있다. 타냐는 소통에 서툴 뿐만 아니라 융통성도 부족했다. 동료들의 말에 따르면 그녀가 맡았던 수많은 협력 프로젝트가 중단되었다고 한다.

한번은 회사의 모임에서 타냐를 만났는데, 역시나 겉과 속이 같은 사람이라는 인상을 주었다. 말하는 속도도 빠르고 자기가 하고 싶은 말은 다 하는 성격이어서 자칫하면 다른 사람의 미움을 사면서도 정작 자기 자신은 모르는 상황이었다.

몇 년 후, 우리는 업무적인 협력 관계에서 말하지 않아도 통하는 친구 사이가 되었다. 타냐는 자신의 사생활을 당당하게 밝히며 지금껏 남자들을 어떻게 사귀었는지도 말해주었다. 그러자 진정한 문제점이 무엇인지 어렵지 않게 발견할 수 있었다. 교제하는 과정에서 일인칭인 '나'가 너무 빈번하게 등장하고, 지나치게 꼬치꼬치 캐묻는 성격은 다른 사람에게 호감을 얻지 못했다. 게다가 융통성이 없는 꽉 막힌 성격으로 상대방이 얼마나 답답해할지 충분히 짐작할 수 있었다.

일 처리가 빠르고 정확한 것은 좋은 일이다. 혹시 그 과정에 '인정의 온기'가 부족하더라도 감점을 당하지는 않는다. 그러나 '인정의 온기'가 더해지면 이것이 윤활제 역할을 해서 관계가 더 좋아진다. 또한 호감이 생겨 다음번에 또 만나고 싶어진다. 일이든 생활이든 동료나 친구이든 아니면 친밀한 연인이든 모두 마찬가지다. 이러한 온기로 서로의 거리를 좁히면 상대를 더 잘 이해하고 불필요한 오해를 줄일 수 있다.

나에게 너그러워야 상대를 받아들일 여유가 생긴다

—

시대는 이미 변했다. 이제는 나의 힘든 노력과 감정을 상대가 당연히 알아줄 거라고 기대할 수 없다. 사람은 본질적으로 상대적인 존재이기 때문이다. 과거에는 '침묵은 금'이라는 말이 미덕이었고, 자신의 억울함이나 고충을 겉으로 드러내지 않는 것이 좋다고 믿었다.

그 결과, 유능한 사람일수록 더 많은 일을 떠안게 되었다. 처음에는 내 책임과 의무가 아니었던 일이 어느새 당연히 해야 할 일처럼 굳어졌다. 하지만 힘들다고 말할 수도, 피곤하다고 내색할 수도 없었다. 괜히 '책임감 없는 사람'이라는 꼬리표가 붙을까봐, 힘들어도 묵묵히 삼킬 수밖에 없었다.

내가 직접 나서서 알리지 않는다면, 아무도 내가 왜 그렇게 바쁜지, 어떤 일을 하고 있는지, 어떤 감정을 느끼는지, 그리고 그 결과가 어떠한지 알지 못한다. 나는 그 사람 때문에 밤새 뒤척이며 잠 못 이루지만, 정작 그 사람은 아무렇지도 않게 깊은 잠에 빠진다. 내가 초조하고 바쁜 순간에도, 그 사람은 여전히 무덤덤하다. 상대가 나의 상황을 이해하고, 공감하며, 함께 문제를 해결해주기를 원하지만, 현실은 그렇지 않다.

사랑하면서도 자신에게 숨 돌릴 시간을 주는 법을 배워야 한다. 너무 다그치지 말고, 때로는 자신을 조금 여유 있게 대하는 것이 중요하다. 너무 많은 것을 내주면 상대방은 그것을 당연하게 여길 수 있다. 균형을 잘 유지하는 법을 알면 더 큰 행복을 느낄 수 있다.

하루의 3분의 1은 나만의 의미로 채워라

—

당신은 일을 할 때 칼같이 빠르고 정확하게 대응하고, 모든 일을 결과로 보여주는 데 단련되었다. 하지만 이제 자신이 언제부터 틀에 박히고 융통성 없이 변했는지 의심이 들기 시작한다. 마음이 지치는 이유는, 영혼이 없는 삶을 살아가고 있기 때문이다. 몸은 피곤하고, 열정은 이미 사라졌으며, 모든 일을 그저 대충 하게 된다. 열정이 바닥나고 피곤한 상태에서, 억지로 자신을 밀어붙이며 답을 찾는다. 하지만 이것이 최선의 방법은 아니라는 걸 알게 된다.

아무리 바쁘고 긴장이 가득한 하루를 보내더라도, 몸과 마음의 균형을 유지하며 의미 있는 시간을 보내라. 집에 돌아가면, 편안하고 안정적인 공간에서 마음을 가라앉히고 여유를 가져라. 전자기기를 손에 들지 말고, 업무 메일을 처리하지도 말자. 대신 가족이나 연인과 함께 하고 싶은 일을 하며 하루 종일 긴장되어 있던 몸과 마음을 풀어보자.

자신의 생활, 건강, 그리고 가족은 무엇보다 중요하다. 인생은 단 한 번뿐이기 때문이다. 일에 몰입하더라도 진정으로 당신을 이해해주는 사람을 소홀히 해서는 안 된다. 일에만 지나치게 몰두하면 모든 관계에 균열이 생길 수 있다. 좋아하는 사람들과 점차 소원해지거나, 심지어 오해가 생기기도 한다. 그러니 가끔은 발걸음을 멈추고 다시 출발할 준비를 하자. 자신에게 숨 돌릴 시간을 주고, 중요한 사람들과의 거리를 점검해보자.

일단 당신이 일을 그만두면 회사는 신속하게 당신을 대체할 사람을 찾는다. 그러나 생활에서는 당신이 냉정한 태도를 유지한 채 감정을 쏟지 않으면 관계가 파탄 날 가능성이 크다. 가늘게 흐르는 시냇물처럼 오랫동안 관계를 유지하고 싶다면 지금부터 생각해보자. 사랑하는 사람들과 가족, 마음을 터놓을 수 있는 오래된 친구들에게 무관심하지 않았는지를 말이다.

불필요한 자존심을 내려놓고, 새로운 국면을 여는 법을 배우면 인생은 더욱 순조롭게 흘러간다. 가치 있는 사람과 관계를 유지하기 위해 노력하고, 그들이 지금까지 당신 곁에서 함께한다는 사실에 감사하자.

08

좋은 관계는 기꺼이 시간을 투자하는 것

"시간은 관계의 화폐이다.
관계에 투자하고 싶다면,
먼저 시간을 투자하는 것부터 시작하라."
– 데이브 윌리스

아무리 일이 바빠도 잠깐의 여유 시간이 생기면 반사적으로 SNS를 열고 친구를 찾는다. 마치 깊이 중독된 것처럼. 내가 원하는 스타일의 예쁘고 잘생긴 사람이나 신선한 매력을 가진 사람이 있는지 살펴본다. 그런 다음 그럴듯한 자기소개를 작성하고, 필터를 입힌 셀카 몇 장을 고른다. 결국 남들의 관심을 끌기 위해 노력하면서, 인연이 될 사람이 먼저 다가와 인사를 건네기만을 기다린다.

사랑을 갈구하는 당신은 대부분 사랑에서 더 많은 선택지를 원한다. 첫사랑부터 지금까지, 당신은 진지하게 사귀려고 했지만 조용히 끝난 관계도 있고, 어떤 사람은 아직 준비되지 않았는데도 결혼하기를 원했다. 하지만 그때 당신은 그저 상대를 대충 살펴보며 이 사람 저 사람을 비교하고 있었다는 사실을 깨닫지 못했다.

평생의 용기를 끌어모아 '당신을 사랑해'라고 말할 준비가 되었지만, 예상치 못하게 상대방은 당신을 깊이 사랑하지 않았다. 그저 함께 즐기기를 원할 뿐이었다. 상대는 당신이 사랑에 너무 깊이 빠질까 봐 걱정했고, 당신은 상대방이 후회하거나 미련을 두지 않도록 적절한 시점에 끝내지 못할까 봐 걱정했다.

누구나 과도한 희생을 하거나 잘못된 사람에게 의지할까 봐 걱정하기 마련이다. 반복되는 상처 속에서 결국 "나 자신을 사랑해야 한다"는 교훈을 얻는다. 그러나 나와 상대방의 미래를 지키기 위해 어떤 노력을 해야 할까?"라는 질문을 던지지 않는다. 그 결과 같은 실수를 계속 반복하고, 수많은 잘못을 모두 다른 사람 탓으로 돌리며, 자신은 언제나 비련의 주인공이 되어버린다. 이러한 순환은 관계를 끝내지 못하게 만든다. 같은 일이 반복될 때마다 당신은 실제로 변화하는 것이 아니라 그저 말에 그칠 뿐이고, 급기야 이런 상황에 익숙해져서 무덤덤하게 받아들인다.

때때로 어깨를 스치고 지나가는 관계도 있었고, 교제 후 남겨진 아쉬움도 경험했다. 그런 경험 덕분에 이제 당신은 관계를 선택할 때 더욱 신중해진다. 사랑하지 않으면서 지나치게 진심을 쏟는 사람은 당신에게 두려움을 준다. 약간의 호감을 느끼게 된 사람이 지나치게 가벼운 태도를 보인다면, 당신은 혼란스러워진다. 신선한 감정이 사라지고 호감이 식으면, 다시금 겉모습과 독특한 매력을 지닌 사람을 찾으며 조금 더 확실한 사랑을 기대한다.

굳이 말하지 않아도 통하는 관계
—

감정이 싹트기 시작하고, 호감에서 좋아함으로, 더 나아가 사랑으로 바뀌기까지 얼마나 시간이 필요하고 서로를 얼마나 깊이 알아가야 하는지 가르쳐주는 사람은 없다. 상대방을 위해 시간과 노력을 들여 헌신하면서도, 그저 상대가 동등한 피드백을 주고, 자신에게 조금 더 마음 써주기를 바란다. 그리고 마음속으로 두 사람의 미래를 진지하게 생각한다. 하지만 현실은 그와 다르게 흘러간다면 당신의 마음은 초조하고 불안해진다.

사랑하는 사람을 위해 바쁘게 뛰어다니느라 시간이 얼마나 흘렀는지 몸이 얼마나 피곤한지도 모른다. 당신이 하는 모든 행동은 행복을 추구하며 상대방의 환심을 얻기 위한 노력이다. 그러나 가장 두려운 상황은 이 모든 노력이 일방적일 경우이다. 상대방은 아무런 감정 없이 관계를 얼버무리기만 한다. 대부분 '혼자만의 짝사랑'은 '두 사람의 열애'보다 더 고통스럽다. 사랑에 너무 깊이 빠져들고, 그 사랑이 결실을 맺지 못할 것임을 알면서도 어떻게든 상대방의 곁에 머무르며 희생한다. 결국 이는 시간 낭비일 뿐이며 아무런 의미도 없다.

언제 만나도 시간이 아깝지 않은 사람이 돼라
—

몇 번을 만났는데도 왜 관계가 계속되지 않는 것일까? 여러 번 함께 식사하자고 약속했는데, 일이 바쁘다거나 다른 일이 생겨서 약속을 지키지 못한다고 한다면, 이것은 무엇을 의미할까? 상대방이 분명 나를 좋아하는 것 같은데, 왜 관계가 더 발전되지 않는 걸까? 당신은 자신에게 부족한 부분이 있는지, 그 사람의 마음에 들지 않는 부분이 있는지 생각해본다.

애초에 그 사람이 당신을 진심으로 마음에 두지 않았던 것일까? 질문은 계속 떠오르지만, 아무리 고민해도 실마리를 찾을 수 없다. 메시지는 이미 읽었다고 표시되는데 답장은 없고, 전화도 받지 않는다.

더 이상 모르는 척하지 말자. 사실 당신은 처음부터 답을 알고 있었다. 상대방이 당신과 연락하고 싶지 않은 이유가 딱히 없고, 애써 숨긴 적도 없다. 현재 상황을 깨달았다면, 당신은 더 이상 기다리거나 애쓰지 않아야 한다. 상대가 바쁘다거나 하는 것은 관계에 영향을 미치지 않는다. 이런 상황에 이르렀다면, 자신을 위해서라도 모든 노력과 생각을 멈추는 것이 중요하다. 사랑에 너무 깊이 빠져서 먼저 감정을 쏟아내는 쪽이 결국은 백기를 들고 투항하게 된다는 점을 알아야 한다.

현대인의 사랑은 기분에 따라 움직이며, 때로는 제멋대로 흐른다. 처음에 빠르게 뜨거워진 만큼 열정도 빠르게 식어버린다.

09
언제든 새로 시작할 수 있는 연습

"아무도 과거로 돌아가서 새로 시작할 순 없지만,
누구나 지금 이 순간부터
새로운 결말을 만들어갈 수는 있다."
–칼 바드

두 사람은 스물여덟 살 때 함께했던 날들을 기억한다. 겉보기에는 잘 어울리고 아름다운 커플이었지만, 결국 그들의 관계는 이별로 끝이 났다.

샤오차이는 승부욕이 강한 워커홀릭으로, 회사 대표의 신임을 받아 그룹의 브랜드 매니저로 상하이에 발령을 받았다. 그는 상남자이기도 했고, 성격이 급한 편이었다. 반면 여자친구 루시는 상당히 온순한 성격을 가졌고, 샤오차이의 성격에 가끔 불평불만을 터트리기도 했지만, 두 사람이 크게 다툰 적은 없었다.

오랜 상하이 출장 후, 샤오차이가 집으로 돌아왔다. 집에 들어서자마자 집 안의 분위기와 루시의 표정에서 뭔가 이상한 것을 느꼈지만, 구체적으로 무엇이 문제인지는 확신할 수 없었다.

어느 날, 두 사람은 레스토랑에서 식사를 하게 되었다. 그때 루시가 화장실에 가 있는 동안 그녀의 휴대폰이 울렸다. 화면에 뜬 메시지는 "너무 보고 싶어. 남자친구는 출장에서 돌아왔어? 우리 다음에는 언제 만날까?" 하는 내용이었다. 공교롭게도 샤오차이는 휴대폰 화면을 슬쩍 보고 말았다. 그 순간 화가 머리끝까지 치밀어 오른 그는 루시에게 당장 해명하라고 요구했다.

알고 보니 루시는 반년 전부터 다른 남자를 만나고 있었다. 심지어 상대는 샤오차이의 대학교 동창이었다. 루시는 서로 자주 떨어져 있는 시간이 많아 외로움을 견디지 못해 만나게 되었다고 설명했다.

결국 두 사람은 각자의 길을 가기로 결심했다. 자신을 사랑하지 않는 사람을 계속 붙잡는 것은 고통스러운 일이라는 것을 잘 알고 있었다. 사랑과 신뢰가 없는 관계에서는 질투와 원망만 커질 뿐, 그것은 언제 터질지 모르는 지뢰와 같다.

감정을 추스르기까지 분명 고통스러운 시간을 보내겠지만, 상대방을 여전히 사랑하는 척하며 관계를 유지하는 것은 훨씬 더 큰 고통이다. 그 사실을 알면 더 이상 미련을 가질 이유도 없고, 삶은 계속 이어진다. 자신의 인생은 자신이 주도해야 한다. 사랑을 잃었다고 해서 삶의 끝이 아니라, 오히려 '새로운 마음'의 시작이다. 결국 당신은 자신이 원했던 답이 화해가 아니라는 사실을 깨닫게 된다.

지나간 것을 후회하지 않는 사람이 결국 이긴다

—

헤어지지 않은 상태에서 외로움을 느낄 때는 아쉬움뿐만 아니라 미련과 고민도 결국 헛된 감정 소모에 불과하다. 모든 상황을 받아들이고 각자의 길을 걸어가는 것이 오히려 어둠 속에서도 희망을 찾는 길이다.

사랑했던 사람이 더 이상 당신을 사랑하지 않을 때, 두 사람 사이에는 이미 감정이 식었고 대화도 줄어든다. 서로의 기대를 맞춰주지 못한 채 멀어지는 것이다. 그렇게 되면 아주 사소한 이유로도 사랑은 완전히 무너질 수 있다.

사랑은 우리 마음속에서 가장 연약한 부분이기에, 처음 사랑에 빠졌던 순간을 떠올리면 여전히 가슴이 뛴다. 하지만 사랑이 끝났다고 해서 과거에 갇혀 주저앉아서는 안 된다. 더 이상 앞으로 나아가지 못하거나 다시는 사랑할 수 없는 사람이 되어서는 안 된다.

말다툼이 반복될 뿐, 소통을 시도해도 더 이상 관계를 되돌릴 수 없다. 설령 뒤늦게 애써 노력한들 이미 엎질러진 물이다. 결국 이별은 피할 수 없는 선택이다.

서로에게 마음의 빚이나 후회를 남긴 채 새로운 삶을 시작하고 싶지는 않을 것이다. 하지만 당신과 함께 미래를 그리지 못한 사람은 어쩌면 관계를 이어가는 동안 더 나은 사람을 찾고 있었을지도 모른다. 그리고 때가 되자 자연스럽게 당신에게서 멀어졌을 것이다.

다른 사람에게는 필요 없는 것이 당신에게는 매우 소중한 것일 수 있다. 그리고 당신이 힘껏 붙잡고자 하는 것이 다른 사람의 것일 수도 있다. 이것은 중고품을 파는 플리마켓과 같다. 사람들은 누구나 신선한 물건을 찾기를 원하고 가격 대비 품질이 괜찮으면 약간의 흥정을 하고 구입한다. 그리고 그 옷은 당신의 옷장에 새로운 옷으로 자리한다. 사랑도 마찬가지다. 당신이 밀어낸 사람을 누군가는 진귀한 보물처럼 아껴줄지도 모른다.

상처받은 사랑을 떠나보내려면 시간이 필요하다. 하지만 너무 오래 어둠 속에 머물지 말고, 가능한 빨리 빠져나와야 한다. 무엇보다 중요한 것은 진심으로 받아들이고, 감정을 솔직하게 마주하며, 완전히 놓아주는 것이다. 그래야만 차분한 마음으로 다음 사랑을 맞이할 수 있다.

상처받은 관계는 어떻게 회복하는가?
—

온 마음을 다해 사랑했던 사람과 예고도 없이 헤어졌을 때 그 고통과 슬픔은 말로 다 표현할 수 없다. 더구나 상대가 당신의 가장 친한 친구와 사랑에 빠졌다면, 당신은 사랑과 우정을 한꺼번에 잃게 된다. 그들을 축복해줄 수도 없고, 마음 깊은 곳에는 참기 힘든 상처가 남는다. 비록 아픈 마음을 안고 관계를 회복해보려고 노력하지만, 정작 그들은 스스로를 보호하기에만 급급할 뿐 당신의 목소리에 귀 기울이지 않는다.

사랑은 내 마음대로 조종할 수 없다. 그렇다면 어떻게 해야 같은 실수를 반복하지 않을까? 어떻게 해야 끝없는 후회와 고민에서 벗어날 수 있을까? 그리고 서로에게 다시 한 번 기회를 줄 순간인지 아닌지 어떻게 알 수 있을까?

우리는 함께했던 기억을 지우고 나아가 완전히 놓아줄 수 있어야 한다. 사랑이 복잡한 이유는 욕망, 행복, 슬픔, 약속, 기대가 얽히고설켜 있기 때문이다. 그리고 감정이 사라진 순간, 우리는 습관처럼 눈물을 훔치며 담담하게 "아쉽다"는 말을 내뱉는다.

그때 조금만 더 참고 양보했다면, 나도 한 발 물러서서 상대의 마음을 받아들였다면, 우리는 각자 다른 길을 택하지 않고 여전히 함께하고 있을지도 모른다. 적어도 자신의 잘못을 인정하고 다시 노력했다면, 진심 어린 용서를 받을 수 있었을 것이다.

흔들림 없는 삶은, 관계 속에서도
끝까지 나를 지키겠다는 결심에서 시작된다.
진짜 치유는 나답게 살아가기 위한
선택을 반복하는 데서 완성된다.

Chapter 4
치유

—

다시 나답게, 어떤 것에도 흔들리지 않는다

01
100명보다 단 한 명이 든든하게 버텨줄 때

"우리에게 진정으로 도움이 되는 것은
친구의 실제적인 도움이 아니라,
그들이 나를 도와줄 거라는 믿음이다."
– 에피쿠로스

뉴턴의 '관성의 법칙'에 따르면, 외부에서 힘이 가해지지 않는 한 정지한 물체는 계속 정지 상태를 유지하고, 일정한 속도로 움직이는 물체는 계속 같은 방향으로 움직인다.

이 법칙은 우리 삶에도 그대로 적용된다. 현대인들은 바쁜 일상 속에서 균형을 찾기 위해 노력하며, 친구, 연인, 가족과의 관계를 통해 마음의 안정을 얻고 앞으로 나아가려 한다. 그리고 그 과정에서 우리를 움직이게 하는 목표와 원동력이 필요하다.

영원히 변하지 않는 관계를 선택할 수 있다면, 먼저 그것을 받아들일 준비가 되어 있어야 한다. 나와 맞지 않는 사람이나 상황을 피하고, 감정을 소모하는 복잡한 관계를 정리하는 것이 필요하다. 우리를 가장 힘들게 만드는 관계는 낯선 사람이 아니라, 익숙한 원가정, 내 감정을 누구보다 잘 아는 가까운 친구, 혹은 배우자이다.

당신을 잘 아는 사람일수록 당신을 쉽게 조종할 수 있다. 그들은 당신이 항상 완벽하길 바라며, 조금이라도 실수하거나 기대에 못 미치는 결과를 내면 가차 없이 비난한다.

"너는 왜 그렇게 덜렁대고 성의가 없어?"

"네가 상대에게 신뢰를 주지 못했으니까 사이가 틀어진 거겠지."

"애써 노력했다지만, 결국 얻은 게 뭐야?"

이런 말을 들으면 당신은 스스로를 책망하며 부당한 대우를 당연한 듯 받아들인다. 감정의 굴레에 갇혀 있으면서도 문제의 본질을 인식하지 못하다가 어느 날 문득 깨닫는다.

"내 인생은 왜 이렇게 초조하고 불안한 걸까?"

"이 관계 속에서 내 감정은 정말 존중받고 있는 걸까?"

하지만 문제를 깨달아도 상황을 바꾸기는 쉽지 않다. 이미 너무 오래 순응해왔고, 불만을 털어놓는다 해도 상대에게는 아무런 타격이 없기 때문이다. 결국 당신은 계속해서 행복의 원천과 감정의 균형을 찾으려 애쓴다.

가장 진실한 나를 받아들여줄 사람

—

인생에서 인간관계는 끊임없이 변한다. 어떤 관계는 끝까지 이어가야 하지만, 어떤 관계는 자연스럽게 흘려보내야 한다. 흥미로운 점은 우리가 내리는 선택이 결국 미래를 만든다는 것이다. 우리는 스스로 인생의 방향을 정하고, 때로는 조연에서 주연이 된 것처럼 느낄 수도 있다. 하지만 역할이 바뀌어도, 본질적으로 맞지 않는 사람은 여전히 당신을 과거의 모습으로 바라본다. 진심으로 자신을 신뢰할 수 있다면, 어떤 관계에서도 자유롭게 나아갈 수 있다.

더 이상 관계를 계속하지 않기로 결심했다고 해서 냉정하게 끊어버리겠다는 뜻이 아니다. 오히려 이제는 마음을 편안하게 가지며, 도망치지 않고 성실하게 자기 자신과 마주하기로 선택한 것이다. 남은 인생을 더 멋지게 살아가기 위해, 이제는 옳고 그른 것에 얽매이기보다는 현실적으로 자신을 위해 살아가야 한다.

직장 생활을 시작하고, 몇 번의 연애를 거쳐 결혼과 출산까지 시작과 끝은 모두 자신에게 가장 적합한 생활 방식을 선택한 결과였다. 그 과정에는 가정, 배우자, 일, 자신이 원하는 미래의 모습이 포함된다. 그러나 그 안에서 어쩔 수 없는 상황을 마주하고, 무엇을 버리고 무엇을 취할지 모르는 순간도 있다. 관계에서 감정이 복잡하게 얽힐 때 그것을 풀기 위한 정답은 없다. 그저 상황을 받아들인 후, 자신의 감정이 편안한지 아닌지를 판단하며, 끊임없이 후회를 줄이기 위해 최선을 다할 뿐이다.

누군가는 당신을 좋아할 수 있지만, 누군가는 사랑하지 않을 수도 있다. 겉으로 보이는 모습이나 일상에서 항상 좋은 면만을 보여줄 수는 없다. 그것은 진정한 모습이 아니다. 내면의 감정을 대담하게 표현하고, 성실하게 사랑할 자신이 있는가? 오히려 당신이 가장 힘들고 무기력할 때 마음속에 상대방을 위한 자리를 내어줄 수도 있다.

각자의 방식으로, 각자의 삶을 응원하라
—

한때는 누군가와 깊은 사랑을 나누었지만, 지금은 소리 없는 침묵만 남아 있다. 당신에게는 더 이상 감정이 없고, 상대방도 소식이 없다. 이제는 추억과 실현되지 못한 약속만이 남았다. 지금의 당신은 이미 스스로 살아가는 방법을 배웠다. 더 이상 외로움을 두려워하지 않으며, 자유롭고 약간은 제멋대로인 삶을 즐기고 있다. 이제 아무 의미 없는 감정에 일희일비하지 말고, 감정의 기복에 휘둘리지 않기를 바란다.

처음 관계가 시작되었을 때, 두 사람은 미래에 대한 동경을 품고 아름다운 환상의 궁전을 지었다. 그 과정에서 서로 노력하며, 실패와 실망을 피하려고 애썼다. 그러나 한쪽이 점차 피로를 느끼고, 반복되는 일방적인 노력에 싫증을 내면, 당연히 좋지 않은 감정이 따라온다.

현대인들은 연애나 미래에 대해 이야기할 때 "좋은 일이 있으면 함께 나누지만, 고난을 꼭 같이 짊어질 필요는 없다"는 말을 자주 한다. 하지만 그것은 당신의 일방적인 바람일 뿐이다. '지금'이 즐겁다면 그걸로 충분하다. '미래'는 누구에게도 확실하지 않다.

어른이 되면 반드시 과거의 감정을 절박하게 되찾을 필요 없다는 사실을 깨닫게 된다. 더 이상 연락하지 않아도 서로 잘 지내기를 바랄 뿐이다. 서로의 새로운 생활을 방해하지 않는 것이야말로 성숙한 어른이 관계 속에서 베풀 수 있는 배려이다.

나쁜 날들은 이미 지나갔다. 당신과 맞지 않는 사람들과 당신의 감정과 에너지를 소모시키던 사람들은 이제 당신의 삶에 속하지 않게 되었다. 비록 앞으로 인생의 챕터가 어떻게 전개될지는 모르지만, 때로는 서로 방해하지 않고 적당한 거리를 유지하는 것이 서로의 행복을 위한 유일한 방법이다. 당신이 관계에서 여유를 찾을 때, 모든 일에 자신감을 가지고, 사랑도 다시 시작할 수 있다.

다시 한 번 사랑해보자! 또다시 상처받는다 해도, 이제는 박자를 조절하고 받아들이는 법을 배울 수 있다. 진정한 사랑을 위해 열심히 노력할 수 있는 것은 이미 자기 자신을 포용할 준비가 되어 있기 때문이다.

02
소소하지만 확실한 관계

"내가 친구를 위해 할 수 있는 가장 큰 일은,
그냥 그의 친구가 되어주는 것이다."
– 헨리 데이비드 소로

감정이 북받쳐 오르는 이유는 여러 가지가 있지만, 마음이 무너지고 더 이상 앞으로 나아갈 수 없는 것은 종종 이별 때문이다.

데릭은 세 살 연상인 여자친구를 만난 지 3주일도 되지 않아 함께 여행을 떠났다. 물론 굉장히 기대되었지만, 처음 여행을 가서 밤을 보내며 상대방을 난처하게 만드는 습관이 드러나지 않을까 걱정도 되었다. 하지만 여행 첫날은 서로 즐겁게 이야기를 나누고 달콤한 분위기를 만끽했다. 핫플레이스를 찾아가 사진을 찍고, 마치 학생 시절처럼 즐겼다.

저녁 먹을 시간이 되어 두 사람은 한 레스토랑 앞에서 걸음을 멈췄다. 여자친구는 길거리 노점에서 현지의 간식거리를 먹고 싶다고 했고, 데릭은 에어컨이 있는 곳에서 편안하게 앉아 제대로 음식을 맛보고 싶었다. 어디서 저녁을 먹을지를 두고 둘은 거의 반시간을 싸우다 결국 숙소로 돌아왔다. 데릭은 씻지도 않고 양말도 벗지 않은 채로 침대에 몸을 던졌다. 그 순간 여자친구가 상당히 짜증이 섞인 말투로 화를 냈다.

"너무 지저분한 거 아니야? 씻고 자야지! 내 말 듣고 있어?"

데릭은 즉시 몸을 일으켜 침대에 앉아 명확하게 대꾸했다.

"그래, 들었어! 아무래도 우리는 서로 안 맞는 것 같다."

여자친구의 잔소리를 데릭은 더 이상 참을 수 없었다. 하루 종일 여자친구를 따라다니며 그녀가 가고 싶다는 이유만으로 SNS에서 유명한 가게를 대여섯 군데 돌아다닌 상황이었다. 첫 여행의 설레는 기분은 온데간데없이 사라지고 모든 것이 귀찮아졌다.

데이트를 할 때마다 충돌하고 억지로 맞춰주었던 기억을 떠올리자, 데릭은 더 이상 참을 수 없었고, 계속 눌러왔던 감정이 폭발했다. 급기야 그의 입에서 "우리 헤어지자!"라는 말이 튀어나왔다. 더 이상 억지로 사랑하는 척하고 싶지도 않았고, 관계를 계속 유지할 원동력도 없었다. 군이 불편한 관계를 계속 끌고 갈 필요가 있을까 싶었다.

두 사람이 사귀거나 헤어지는 일은 이유 없이 저절로 이루어지지 않는다. 서로 고심하고 계획하고 행동한 결과이다. 헤어지기 전부터 이미 조짐이 시작된다. 사소한 일이 도화선이 되어 감정에 불을 지피고, 격앙된 분노를 일으킨다. 돌이킬 여지를 전혀 남기지 않고 비이성적인 분노를 가라앉힐 생각도 없다.

관계를 오래 이어가려면 다툰 후에는 처음 사귀었을 때의 마음을 떠올려야 한다. 왜 싸우게 되었는지, 왜 냉전 중인지 명확히 인지하고 서로 조정을 거쳐 각자 한 걸음씩 양보해야 한다. 서로를 잃고 후회하기보다는 어렵게 얻은 인연을 더욱 공고히 다지기 위해서이다.

서로의 심리적 소양이 충분해야 비로소 균형을 유지할 수 있다. 항상 상대방이 당신을 위해 열심히 노력해주기를 바랄 것이 아니라, 주도적으로 자기 자신을 위해 사랑의 안전벨트를 매야 한다. 상대도 피곤할 수 있고, 싫증을 느낄 때가 있다는 사실을 이해해야 한다.

단 한 걸음만 물러서도 관계는 더욱 단단해진다
—

원래는 친밀한 연인이었지만, 지금은 서로를 가상의 적으로 여긴다. 누구도 양보하지 않고, 혐오감이 섞인 눈빛으로 서로를 바라본다. 더 이상 사랑하지 않는다는 것을 확인하면, 과거에 아무리 잘 맞고 웃음소리가 끊이지 않으며 아름다운 기억들이 남아 있더라도, 모든 상황이 아이러니하게 느껴지고 짜증이 난다. '사랑하지 않는다'는 말은 얼마나 간단명료하고 번복하기 어려운가? 일단 그 말을 내뱉으면 관계는 끝난다.

사랑이 사라지면 서로를 바라보려 하지 않는다. 심지어 상대방이 화해를 청하고, 적극적으로 만회하려 해도 고개를 숙이고 잘못을 인정하지 않는다. 서로 잘 맞았던 과거는 마치 연기처럼 사라져버리고, 처음 알게 되었을 때의 열정은 더 이상 기대할 수 없다. 연애를 몇 번을 했든, 내려놓지 못하는 자존심은 여전히 연인들에게 가장 큰 시련이다.

사랑이 오래가려면 두 사람의 노력이 필요하다. 더 열정적으로 꽃피우며 사랑을 유지하기 위해 노력해야 한다. 억지로 애쓰더라도 괜찮고, 균형을 잃어도 상관없다. 불확실한 미래는 결국 '신뢰'에 의지할 수밖에 없다. 또한 반드시 서로의 내면에 자리한 불안감을 포용해야 한다.

어떤 사람은 이미 깨진 관계를 마주하고 싶지 않아 도피하거나 억지로 행복한 척하며 그럭저럭 관계를 공고히 한다. 그러나 시간이 흐르면, 그 관계는 결국 더 이상 버티지 못하고 마음과 기력은 완전히 소모된다.

서로 헤어질 그날이 찾아왔을 때, 비록 아쉬움은 남겠지만, 당신은 재빨리 그 감정을 떨쳐내야 한다. 치유는 모든 사람이 평생 배워야 할 과제이다. 과거에 마음속 깊이 남은 것이 있고, 좋게 헤어지지 못했더라도 제자리에서 소극적으로 맴돌기만 해서는 안 된다. 용기를 내어 다시 사랑하고, 사랑받는 관계를 추구해야만 멋진 인생을 놓치지 않는다.

03
가장 가까운 사이라도 지켜야 할 경계선이 있다

"건강한 경계는 벽이 아니라,
우리 자신의 정원의 아름다움을
즐길 수 있게 해주는 문과 울타리다."
– 리디아 홀

"다시는 내 진심을 다하지 않을 거야. 사람은 자기 입을 잘 관리해야 해!"

샌디가 실망스러운 목소리로 내뱉은 말이다.

몇 년 전에 알게 된 샌디는 친절하면서도 성격이 시원시원한 사람이다. 모임에서는 언제나 그녀의 쾌활한 웃음소리를 들을 수 있다. 차분하게 자기 이야기를 하고 어떤 일에 대해 자신의 의견도 주저 없이 표현한다. 또한 앞으로 어떻게 해야 할지 결론까지 내려주는 사람이다. 샌디처럼 개성이 뚜렷한 여성은 그룹 내에서 분위기를 주도한다. 샌디만 있으면 분위기가 딱딱해질까봐 걱정할 필요 없다.

그러나 어느 날, 모임에서 샌디의 모습이 보이지 않았다. 친구들은 말했다.

"샌디는 오지랖이 너무 넓어. 이 일 저 일에 다 참견하느라 오해를 사기 쉬워. 듣자 하니 샌디와 어울리기 싫어하는 친구들도 있다던데."

나는 그 말의 신뢰도가 별로 높지 않다고 직감했다. 샌디는 그런 사람이 아니었기 때문이다. 그러나 속으로는 어쩌면 완전히 없는 이야기는 아닐지도 모른다는 생각도 들었다. 샌디처럼 거침없이 자기 의견을 말하는 사람의 말은 왜곡되기 쉬울 뿐만 아니라, 자칫하면 미움을 살 수도 있다.

한동안 그 이야기가 친구들 사이에 전해진 후, 어느 날 샌디가 먼저 나서서 나와 다른 친구들과 함께 만나자고 했다. 샌디는 훨씬 신중하게 말했고, 자기가 괜한 말을 해서 오해를 받지 않을까 크게 걱정했다. 말투와 분위기가 마치 다른 사람이 된 것처럼 완전히 달라져 있었다.

샌디는 친구들과 밥을 먹는 자리에서 했던 말이 나중에 나쁜 마음을 먹은 사람에 의해 완전히 다른 이야기로 바뀌어버렸다고 호소했다.

샌디는 진심으로 걱정되어서 한마디를 건넸다.

"어쩜 이렇게 피골이 상접할 정도로 말랐니. 요즘 힘든 일 있어? 내 도움이 필요하면 언제든지 이야기해!"

그러자 상대는 그 말을 지나치게 해석했다.

"샌디가 나를 얕잡아보는 게 아닐까? 말랐다고 힘든 일이 있냐니! 왜 내게 도움을 필요로 하는 일이 있을 거라고 생각하는 걸까? 도대체 무슨 뜻이지?"

샌디는 어쩔 수 없다는 듯 고개를 저으며 우리를 바라보았다. 같은 말이라도 사람에 따라 다르게 해석될 수 있다. 순수한 호의에서 나온 말이 악의가 담긴 말로 바뀌고, 별 뜻 없이 한 말을 상대는 마음에 담아둔다.

선을 넘지 않는 관계의 법칙
—

이는 어쩌면 현대인이 잘못된 필터를 끼우고 친구를 사귀기 때문인지도 모른다. 우리는 관계의 배후에 숨겨진 목적을 의심하기 시작하고, 과도하게 민감하게 굴며 사람들의 시선에 주의한다. 이러한 반응은 당신이 과거에 진심을 다했는데 선량하지 못한 사람 때문에 자신의 진심이 무참히 깨지는 경험을 했기 때문일 수도 있다. 상대방이 더 나은 대우를 받을 가치가 있다고 생각해서 최선을 다해 그 사람을 격려해주었는데, 오히려 "너랑 무슨 상관이야"라고 질책을 받은 것이다.

심지어 우리는 살뜰한 보살핌을 받는 데 익숙하지 않다. 마치 자기가 다른 사람의 연민을 받을 필요가 없는 것처럼 생각한다.

자존심을 지나치게 내세우면 사랑은 쉽게 찾아오지 않는다.

일반적으로 누군가를 만나서 첫눈에 좋은 사람이라고 인정하는 이유는 공통된 취미와 기호가 있고 배경이 비슷하기 때문이다. 이러한 인식을 바탕으로 자기 내면의 감정이나 의견을 표현한다. 그러나 상대방은 그저 화제에 따라 분위기가 어색해질까 봐 계속 이야기를 한 것일 뿐이다.

다른 사람과 관계를 맺을 때는 꾸준함과 겸손이 필요하다. 이는 자신을 보호하고 상대방에게 여지를 남겨주기 위함이다. 대화를 이어가기 위해 계속 말을 늘어놓기보다는 잠시 여백을 두고 상대방이 말할 기회를 주어야 한다.

그러나 반드시 기억해야 할 사실은 당신의 대단한 공적이나 우울할 때의 부정적인 불평불만, 과도하게 사적인 비밀을 듣고 싶어 하는 사람은 없다는 점이다. "딱 선을 지킬 정도로만 이야기하고, 미소에는 굳이 대답하지 않아도 되며, 어떠한 비판도 하지 않는 것"이 가장 좋다. 무엇보다 하소연하고 싶은 욕구를 절제해야 한다. 이것은 자신에게 퇴로를 남겨두기 위한 교제의 규칙이다.

나와 상대를 지켜줄 적당한 거리

—

사람을 알고 지내기는 쉽지만, 마음을 나눌 수 있는 친구를 사귀기는 훨씬 더 어렵다. 그 과정에서 서로의 적정선과 성격을 이해하는 데 시간이 필요하고, 더 나아가 균형을 찾는 것이 중요하다. 친구 사이에는 서로의 사생활과 민감한 부분을 건드리지 않아야 한다.

너무 가까이 지내다 보면 때때로 본분과 경계를 잊어버리고, 처음에는 사소하게 여겨졌던 일들이 나중에는 서로의 약점이 될 수 있다. 오히려 적당한 거리를 두고 지내는 관계가 오래 지속될 수 있다. 일시적인 만족보다 서로에 대한 신뢰를 쌓고, 자연스럽게 잘 지낼 수 있도록 노력하는 것이 중요하다.

친구란 단순히 눈빛으로 서로의 뜻을 알 수 있어야 한다. 말로 표현하지 않아도 서로의 마음을 이해할 수 있어야 한다. 진정한 친구는 당신의 생각을 이해하고, 당신이 좋아하는 것과 싫어하는 것까지 알고 있다. 이는 단기간에 형성되지 않는다. 오랜 시간 함께 지내며 쌓은 서로에 대한 이해와 신뢰의 결과이다.

우리는 서로 다른 타인에게 적응하면서 그 사람을 정확하게 인식하고 이해하는 과정에서 진정한 관계를 형성할 수 있다. 진짜 의미 있는 관계인지 아닌지는, 결국 서로의 마음과 이해를 바탕으로 어깨를 나란히 하고 함께 나아갈 수 있는지에 달려 있다.

영혼의 에너지를 채워주는 사람을 가까이하라

—

중요한 친구가 있으면 당신은 더 많은 안정감을 느끼고, 일상에서 세밀한 부분까지 나눌 수 있다. 친구는 당신의 불평과 고민을 들으며 때로는 전문가처럼 조언을 아끼지 않는다. 그러나 당신은 자신만의 길을 향해 나아가야 한다. 그것은 더 나은 삶을 살고, 자신의 이상을 현실로 만드는 과정이다.

이 과정에서 진심도 중요한 역할을 한다. 그러나 진심을 단기간에 과도하게 쏟아내는 것보다는 시간이 지남에 따라 무엇이 진짜 진심인지, 무엇이 겉으로만 하는 말인지를 파악하는 것이 중요하다. 사람은 오직 한 가지 모습만을 갖고 있지 않다는 사실을 잊지 말자. 그 사람의 진짜 모습은 그가 당신에게 얼마나 진심을 드러내느냐에 달려 있다.

친구 사이에도 시간을 들여서 노력해야 우정과 신뢰가 쌓인다. 우정은 절대 급하게 만들어지지 않는다. 사랑이든 우정이든 어떤 관계이든, 그 안에서 완벽하게 행복할 수 없는 이유는 자신의 진정성을 잃고 타인의 기대에 맞추려고 노력하기 때문이다. 친구라면 서로를 격려하고 지원하는 동시에 진심 어린 말을 할 줄 알아야 한다.

당신을 진심으로 이해해주고 따뜻한 영혼을 가진 친구가 있다는 것은 큰 행복이다. 그런 친구는 당신에게 편안함과 안정감

을 주며, 더 나은 사람으로 성장할 수 있도록 도와준다. 그들은
당신이 내면의 에너지를 최대한 발휘할 수 있게 해주며, 사랑과
우정의 진정한 아름다움을 깨닫게 해준다.

04
나 자신을 위한 선택이 먼저다

"우리가 내리는 선택이 바로 우리 자신이다.
그리고 우리는 항상 선택할 수 있다."
– 엘리너 루스벨트

어른이 되면서 당신은 많은 것을 깨닫는다. 일은 많은 것들을 가져다주었지만, 이제는 단지 좋은 직함보다는 실제로 손에 쥐는 수입에 더 신경이 쓰인다. 더 이상 어릴 때처럼, 자신과 가치관이 크게 다른 사람과 연애하고 싶지는 않다. 아무리 외모가 이상형에 가깝더라도 말이다.

여러 사람을 만났지만, 결국 진심을 알아주는 오래된 친구만이 남는다. 자신과 맞지 않은 사람들은 자연스럽게 떠나가고, 논쟁이나 냉전 없이 그저 서로 연락하지 않는 방식으로 끝을 맺는다.

당신은 다른 사람이 자꾸 귀찮게 하는 걸 싫어한다. 일상에서 이미 형성된 리듬을 깨고 싶지 않다. 자신만의 암묵적인 룰을 지키며 살아가는 당신에게, 남의 눈치를 보는 일은 어색하고 불편하기만 하다.

일에서 당신은 왜 자기 자신을 위한 '선택'을 하지 않았는지, 믿음직하지 못한 사람에게 '선택'을 맡겼는지 고민하게 된다. 다른 사람들은 겉으로는 번드르르한 말을 하고 있지만, 속으로는 진실과 거짓, 실제와 허상에 대해 이미 잘 알고 있다. 그 배후에 숨겨진 목적과 의도도 파악하고 있다. 그래서 점점 더 자신을 잃어버릴까 봐 두려운 마음이 든다. 하고 싶은 것을 하며 살고자 했던 나는 이제 어디에 갔을까?

몇 년 전, 나는 상하이에서 타이베이로 돌아와 일을 시작했다. 생활이 조금 평온해지자 다시 삶의 방식을 조정하기로 결심했다. 스스로 독립적인 사고를 해야 한다는 것을 명확히 인식하게 되었고, 이 세상에는 영원히 변하지 않는 절대적인 것은 없다는 사실도 깨달았다. 또한 예전처럼 내 의견만을 고집하지 않고 항상 융통성을 발휘하며 여지를 남겨야 한다는 것도 이해했다.

마음을 너무 꽉 움켜잡고 풀어주지 않으면 결국 가장 괴로운 사람은 나 자신이라는 사실을 깨달았다. 그런 괴로움은 고집스러움에서 비롯되어, 나와 맞지 않는 사람들과의 관계에서 고립되기 때문이다. 내면을 용감하게 마주하고, 새로운 관점으로 사물을 바라보려고 노력하자. 좋든 나쁘든 지나치게 고민하지 말고, 참고할 정도로만 생각하자.

사랑이 없는 날들에는 좋고 나쁜 일이 반반씩 섞여 있다. 하지만 그런 날에도 당신은 여전히 앞으로 나아가고, 하루하루를 어떻게 보낼지 스스로 선택할 수 있다. 중요한 것은 다른 사람의 생활을 방해하지 않는 것이다. 이것이 기본적인 존중이다. 이는 마치 남의 집에 방문할 때 노크하는 것과 같다. 그러나 노크를 너무 많이 하면 예의가 없고, 상대방을 초조하게 만든다. 사랑과 관계에서도 마찬가지로, 당신은 상대방과 공감할 수 있어야 한다.

상대가 충분히 다가올 때까지 기다려줘라
—

몇 사람을 보내고, 몇 곡의 연주를 하면서 당신은 많이 성숙해졌고, 상대방이 던진 변화구를 자연스럽게 받아내는 법을 배웠다. 마음에 상처를 받아 혼자 그 상황을 마주하는 것이 두려울 때도, 상황을 더 부드럽게 만들기 위해 여러 가지 이유를 생각해내어 어색하지 않게 양보할 수 있게 되었다. 그러나 몇 년이 흘렀는지 모르겠지만, 당신의 마음은 점차 쉽게 지치기 시작했다. 귀찮은 일이 생길 것 같으면 아예 건드리지 않고, 다른 사람에게 간청하지도 않는다.

독립적인 당신은 여전히 낯선 사람의 노크를 기다리고 있다. 서로 잘 알지 못하고 공통의 친구도 없으며, 생활공간도 겹치지 않기 때문에 그 사람을 관찰할 용기가 생기기까지 시간이 필요하다. 하지만 서로 사랑하고 사랑받는 관계에 빠지면, 마음 깊은 곳에서 욕망과 소유욕이 저절로 생긴다.

그럴 때마다 당신은 혹시 잘못된 결정을 내린 건 아닐까, 아니면 잘못된 선택을 한 건 아닐까 두려워지기도 한다. 만약 실수하면 사랑의 사기꾼에게 진심을 모두 내어줄지도 모른다는 불안감이 든다. 감정이 뜨거워지기도 하고 차가워지기도 하는 관계속에서, 결국 자기 혼자만 그 감정을 이어갔다는 사실을 깨닫게된다.

사랑은 시간이 지나면서 신선함을 잃고 점차 퇴색해간다. 그래서 당신은 우선 자신에게 잔인해지기로 결심하고, 진심을 드러낸 후 가능한 빨리 관계를 끝내기로 한다. 냉각기가 지나면 사랑이 이기적으로 변할 수 있지만, 사랑이 시작될 때는 깊이 빠져들게 된다.

빈틈이 보여야 그것을 채워줄 사람이 나타난다
—

확실하지 않은 사람과 함께할 때는 나중에 겪을 괴로움을 줄이기 위해 서둘러 결정을 내린다. '더 이상 두 사람의 시간을 낭비하고 싶지 않다'는 말로 관계를 끝내는 것이다. 당신은 이미 무엇을 해야 할지 잘 알고 있다. 때로는 상처를 받고 나서 자신감을 되찾지만, 더 자주 열등감에 빠져 스스로를 숨기기도 한다. 하지만 자신을 온전히 받아들이고, 새로운 사람에게 적응할 수 있도록 스스로를 일깨워야 한다.

잘못 대처한 일은 사랑에만 국한되지 않는다. 상처를 입은 당신은 사랑에 대해 저항감을 느끼고, 때로는 뒤로 물러나기도 한다. 하지만 지금의 모습이 어찌 되었든, 미래에는 반드시 당신을 받아주고, 불완전한 당신을 따뜻하게 감싸줄 사람이 나타날 것이다. 불완전함이 있기에 사랑은 더욱 진실해지고, 서로를 더 깊이 이해하며 마주할 수 있다.

처음에 만남은 습관처럼 시작되었지만 이별에는 여전히 익숙하지 않다. 과거의 이별을 떠올리며 말없이 떠나간 모든 순간에서 자신을 되돌아본다. 그때의 본능적인 모습, 연약하고 무력했던 모습, 그리고 이유를 알 수 없었던 감정들이 떠오른다. 지친 당신은 더 이상 누가 더 사랑했는지 따지거나 비교할 마음이 없다. 비록 오늘 이후로 두 사람이 함께하지 않더라도, 당신은 오직 자신이 진심으로 사랑했다는 사실을 증명하려고 한다.

시간이 지나면 당신은 자연스럽게 성장하게 될 것이다. 더 이상 누군가의 품에서 편안함을 찾으려고 했던 과거에 미련을 두지 말고, 후회와 아쉬움으로 가득한 나날들을 보내지 않아야 한다. 또한 두 사람이 마주한 문제의 본질은 서로가 문제를 바라보는 시각이 달랐기 때문임을 이해해야 한다.

어느 날 당신이 스스로를 자유롭게 풀어주고, 자신을 소중히 여긴다면, 다음에 사랑이 찾아왔을 때는 훨씬 가벼운 마음으로 즐길 수 있을 것이다.

05
마지막 순간까지 나 자신을 놓지 않는다

"당신은 원본으로 태어났다.
복사본으로 죽지 마라."
− 존 메이슨

안토니는 내 인생에서 가장 친했고, 항상 앞서 나가는 친구였다. 우리는 일로 함께 출장을 가기도 하고, 친한 친구 몇몇이 모여 함께 여행을 떠나기도 했다. 서로 말하지 않아도 알 정도로 마음이 잘 맞는 친구였다.

어느 날 여행을 끝내고 타이베이로 돌아온 나는 다른 친구들의 입을 통해 안토니가 암 3기라는 사실을 알게 되었다. 우리 모두는 걱정하기는 했지만 그저 묵묵히 곁을 지켜줄 수밖에 없었다. 될 수 있는 한 안토니가 원하는 일을 할 수 있도록 도와주려고 애썼다.

어느 무더운 여름, 안토니는 우리에게 지구의 다른 한편을 가보고 싶다고 말했다. 몇몇 친구들은 왕복 비행기표를 예매하고,

안토니와 함께 대만에서 7천 킬로미터 떨어진 중동의 아부다비로 향했다. 시차로 인해 안토니의 건강이 악화될까 봐 걱정했지만 그는 활력이 충만한 모습으로 우리와 함께 아침을 먹었고, 말투에서도 비관적인 느낌을 전혀 받지 못했다.

그러나 여행에서 돌아온 이후부터 안토니의 몸은 점점 더 안좋아지기 시작했다. 더 이상 초췌한 모습을 감출 수 없었고, 과거와는 완전히 다른 모습이었다.

대체로 안토니는 낙관적이고 긍정적인 사람이었다. SNS에 머리카락이 빠진 자신의 사진을 공유하기도 하고, 평범한 일상을 이야기하기도 했다. 그러면서 모두에게 자기 걱정은 하지 말라고 했다. 그러나 병이 심해지자 돌연 화를 내고 우울증에 빠졌다. 기분이 축 처질 때는 그저 병상에 누워 계속 진통제를 먹고 링거를 맞았다.

그러자 친구들이 점점 줄어들기 시작했다. 결국 안토니의 급격한 감정 기복을 받아들일 수 있는 사람이 거의 남지 않았다. 안토니가 더 이상 병상에서 벗어나지 못할 것이라는 소식이 들리자 그와 연락할 엄두조차 내지 못했다.

무기력한 안토니가 어떻게 감정 표현을 할 수 있었겠는가. 비록 마음속으로는 누군가 자기 곁에 있어주기를 바라고 원래의 인간관계를 유지하기를 원하면서도 친구들이 자신의 쇠약해진 모습을 싫어할까 봐 거리를 두었다.

발병한 지 반년도 되지 않아 안토니는 어느 날 밤 평온하게 세상을 떠났다. 나는 안토니를 조용히 배웅하면서 진심 어린 애도를 표했다.

사람은 죽음이 다가왔을 때 두려움과 무기력함을 느끼지 않을 수 없다. 그렇지만 항상 타인 앞에서는 가장 좋은 모습을 보여주려고 한다. 화려한 옷을 입고, 맛있는 음식을 먹으며 멋진 삶을 살아가는 모습을 말이다. 그것이 진짜인지 가짜인지는 중요하지 않다. 이 세상을 떠나는 마지막 순간에도 여전히 다른 사람에게 좋은 인상을 남기려고 한다.

좋은 것이든 나쁜 것이든 관계없이 우리는 항상 자기 자신을 진실하게 마주해야 한다. 당신이 가장 나약해져 있을 때조차 당신을 사랑하는 사람은 결코 당신을 떠나지 않는다.

사랑하고 사랑받는 것은 모두 아름답다
—

친구들은 항상 우리 주위를 오고 가지만, 마음속 깊이 기억되는 친구는 많지 않다. 어느 날, 상대방이 일찍이 작별을 고한다면, 당신도 그 사람을 놓아주고 현실을 직시하는 법을 배워야 한다. 누구나 인생에서 파란만장한 일들을 겪고, 뜻밖의 상황에 처할 수 있다. 일정한 나이가 되어야 비로소 이별을 겪고도 마음을 안정시킬 수 있다.

물론 어쩔 수 없는 일들은 가능한 떨쳐내며 살아가야 한다. 그러나 어느 순간, 더 이상 이 사람을 볼 수 없다는 생각이 들면, 함께 찍은 사진이나 함께 갔던 곳의 풍경이 떠오르고 마음속에 말로 표현할 수 없는 아쉬움과 상처가 남는다. 그래서 우리는 받아들이는 법을 배워야 한다. 상대방은 과거에 진심으로 사랑했던 사람, 연인보다 더 가까운 마음의 벗이었기 때문이다. 이러한 우정은 사라지지 않고 영원히 마음속에 남는다.

우리는 친구의 눈을 통해 자신의 나약함과 열등감을 마주하게 된다. 그리고 그 진실을 온전히 받아들여야 한다는 것을 깨닫는다. 한 사람이 싫어지거나 멀어지는 이유는 어쩌면 누군가에게 드러내고 싶지 않은, 더 나아가 자신의 가장 숨기고 싶은 결점을 피하고 싶기 때문인지도 모른다. 흥미로운 점은 우리가 쉽게 다가갈 수 있고 마음이 맞는 사람일수록 사고방식과 행동이 비슷하다는 것이다.

그래서 우리는 그들이 우리의 삶에 등장한 것에 대해 감사해야 한다. 때로는 거울 속 자신을 들여다보듯 기쁨을 느끼기도 하고, 때로는 짜증이 나기도 하지만, 결국 그 모든 경험이 우리를 성장시킨다. 당신은 호불호가 확실한 성격일지 몰라도, 이제는 다른 사람에게 의지하는 연습을 해야 한다. 또한 우정의 밑바탕에는 사랑이 존재한다는 사실을 믿어야 한다.

함께해도 자유롭고 혼자여도 외롭지 않다

—

때로 우리는 예의상 누군가를 '친구'라고 부르지만, 사실 그것이 가장 부담스럽지 않은 호칭이다. 우리는 어떤 관계에서도 미움받고 싶지 않기 때문에 그렇게 부르는 것이다.

하지만 모든 관계에서 우리는 각기 다른 역할을 맡는다. 때로는 좋은 사람이 되려고 하고, 때로는 선량한 사람이 되려고 노력한다. 그러나 그런 역할을 맡는 과정에서, 진정으로 내가 행복한지, 내가 자유로운지에 대해서는 단 한 번도 진지하게 생각해보지 않는다.

누군가 당신의 곁을 떠나면, 또 다른 누군가는 당신의 삶으로 들어온다. 만남과 이별을 반복하면서 당신은 점점 더 원만하고 자상한 성격을 가지게 된다. 세상의 이치와 사람들의 마음을 다 아는 것처럼 보이지만, 그 모든 배경에는 얼마나 많은 실망과 아픔이 있었는지 아무도 모른다.

일은 언제든지 잠시 멈출 수 있고, 관계도 언제든지 멈출 수 있다. 그러나 인생만큼은 멈출 수 없으며, 그 안에서 좋은 것과 나쁜 것을 직접 겪어내야만 한다.

비록 아쉬움이 남더라도, 당신은 여전히 현재를 잘 살아가야 한다. 과거와 미래에 대한 걱정에 연연하지 말고, 오직 지금 이 순간에 집중하자.

앞으로 나아가는 과정에서 스스로 곤경에 빠지지 않도록 주의하라. 당신을 부축해줄 사람은 없으며, 대부분 불만과 안타까움을 홀로 쥐고 있을 뿐이다. 그러므로 당신은 마음속의 응어리를 스스로 풀 줄 알아야 한다.

06
모든 관계는 새로운 세계를 열어준다

"각 친구는 우리 안에 하나의 세계를 대표한다.
오직 이 만남을 통해 새로운 세계가 탄생한다."
- 아나이스 닌

사람들은 각자 자신만의 독특한 사랑의 방식을 가지고 있다. 하지만 두 사람이 서로 사랑하는 동안에는 결말이 어떻든 자유롭고 편안함을 느끼며 책임을 다한다. 이것이 바로 사랑의 가장 이상적인 형태이다. 나이나 성별에 너무 얽매일 필요는 없다. 사랑은 그만큼 단순하고 진지하다.

친한 친구 아모스는 데이트 상대와 3~4주 간격으로 한 번씩 만난다. 두 사람 모두 '독립적인 사람'이다. 두 사람은 각자 자신의 생활을 잘 꾸려나가면서도 상대방을 잘 보살핀다.

옆에서 볼 때 두 사람은 모두 일을 우선으로 하는 워커홀릭이다. 평일에 퇴근하면 이미 밤 9시가 넘는 데다 자주 출장을 간다. 게다가 한 사람은 지룽에 살고 다른 한 사람은 신주에 사니 만날 기회가 줄어드는 것이 당연하다.

이 커플이 사귀는 방식은 그야말로 '해탈'의 경지에 이르렀다. 반드시 자주 만나야 한다고 고집하지 않기도 하지만 기념일이나 밸런타인데이도 축하하지 않는다. 그 이유는 기념일을 챙기는 데 비용이 너무 많이 들기 때문이다.

각종 기념일을 챙기려면 밖에서 식사하는 것 외에도 선물을 준비해야 하는데 이는 전부 겉치레에 불과하다는 것이다. 오히려 집에서 맛있는 음식을 만들어 먹고, 적당한 신발이나 옷을 사서 상대에게 선물하는 것이 훨씬 실용적이라고 여긴다. 남들 보란 듯이 떠들썩하게 기념일을 보내고 싶지 않은 것이 아니라 그들에게는 사랑 자체가 단순한 일상이기 때문이다.

우리는 매일의 삶과 업무로 이미 충분히 바쁘고 피곤하기 때문에 사랑을 조금 더 수월하게 대하고 스트레스와 질투를 줄이는 것이 필요하다. 그렇게 해야만 더 오래 지속되고, 더 현실적으로 사랑할 수 있다.

사랑에 대한 각자의 정의는 사회의 주류적인 시각에 영향을 받아서는 안 된다. 누군가의 사랑 방식에 자신을 맞추거나 상대방에게 강요할 필요 없다.

가장 특별한 존재들이 서로 만나는 것

—

나날이 변화하는 추세와 과학기술은 우리의 애정관과 교제 방식을 끊임없이 바꾸지만, 변하지 않는 것은 사랑에 대한 진심과 서로 공통된 관심사를 나누는 것이다. 비록 삶이 무료할 때도 그 안에서 충실함을 찾을 수 있다. 항상 활활 타오르는 것만이 진정한 사랑이 아니다.

사랑하기 때문에 혼자 있을 때도 외로움을 느끼지 않는다. 두 사람이 함께한 순간들의 즐거움을 마음에 간직하면서 기다리면 초조하거나 불안하지 않다. 사랑하기 때문에 규칙을 조금 느슨하게 하고, 그로 인해 서로 더 가까워지고, 자연스럽게 불필요한 고민도 줄어든다. 서로 믿기 때문에 사랑은 더 자연스러워지고, 그로 인해 갈등도 일어나지 않는나.

현재 누군가를 만나든 잠시 혼자만의 시간을 보내고 있든, 모든 관계는 당신에게 새로운 세계를 열어준다. 그렇기 때문에 사랑하는 과정에서 마음껏 자신을 탐색하고, 그 안에서 가장 진실한 모습을 발견해야 한다.

당신은 이미 관계의 시작부터 끝까지 최선을 다하고 있다. 두 사람이 서로의 기대에 맞추기 힘들어지면, 신중하고 이성적으로 이별을 고려한다. 설령 끝까지 함께할 수 없더라도, 상대방을 당신의 삶에서 가장 특별한 존재로 여겨야 한다.

젊은 시절부터 지금까지의 연애를 돌아보는 것은 매우 의미있는 과정이다. 백지 한 장을 꺼내놓고, 그동안 느꼈던 사랑에 대한 감정을 차분히 돌이켜보자. 당신과 사귀었던 사람들은 모두 당신에게 무엇을 원하는지, 무엇과 어울리지 않는지, 그리고 어떤 관계를 원하는지를 명확하게 깨닫게 해주었다.

이 모든 경험들은 결국 누군가와 평생을 함께할 수 있는 능력을 기르기 위한 준비 과정이다. 각각의 연애에서 얻은 교훈을 통해, 진정한 사랑을 향한 자신만의 길을 발견할 수 있다.

미래를 예측할 수 없다면 현재를 즐겨라

—

두 사람이 함께하는 미래가 불확실하다는 것을 알면서도 여전히 온전한 열정과 진심을 다하고 있다면, 그 사랑에는 충분한 가치가 있다. 누군가와 마지막까지 함께할 수 있다면 그것은 정말 부러워할 만한 일이지만, 그 누구도 내일 어떤 일이 다가올지는 알 수 없다.

그러므로 철저히 사랑하고, 후회 없이 그 순간을 살아가라. 미래를 예측할 수 없다면 현재를 온전히 느끼고 경험하는 것이 가장 중요하다.

비록 결국은 헤어졌다고 하더라도, 당신은 후회하지 않는다.

그 이유는 사랑한 시간이 짧았든 길었든 두 사람이 그토록 사랑했다는 사실은 사라지지 않기 때문이다.

수많은 사람들 속에서 두 사람이 서로 만났다는 것만으로도 이미 큰 행운이다. 그 순간을 함께한 기억은 여전히 소중하며, 그 사랑이 주었던 경험과 감정은 평생 간직될 것이다.

나를 알수록 잘못된 길로 들어설 확률이 줄어든다

"타인을 아는 것은 지혜요, 자신을 아는 것은 밝음이다.
타인을 이기는 것은 힘이요, 자신을 이기는 것은 강함이다."
 — 노자

"사랑을 믿는다면, 비록 그 사랑이 슬픔을 안겨주었더라도 여전히 사랑을 믿을 수 있다. 때로 사랑은 눈에 보여서 믿는 것이 아니라, 믿기 때문에 비로소 보이기도 한다."

인도의 시인 타고르가 남긴 이 말은 시간이 지나도 새롭게 다가오는 사랑의 본질을 담고 있다. 포스트코로나 시대를 살아가는 우리는 설레는 마음으로 미래를 기대하지만, 한편으로는 너무 오래 기다리게 될까, 혹은 기다리지 못해 시간을 헛되이 보내거나 누군가의 인생에 걸림돌이 되지는 않을까 두려워하기도 한다.

코로나는 우리를 더 현실적으로 변화시켰다. 더 이상 이전과 같지 않고 가치관도 달라졌다. 친구 라이언은 경험 많은 미용사이다. 하루 10시간이 넘도록 일할 뿐만 아니라, 주말에도 일을 한다. 그야말로 자신의 일에 온 마음을 다해 헌신한다.

라이언은 미에 대한 기준이 엄격하다. 연인을 선택할 때도 보통 사람보다 훨씬 눈이 높다. 그는 상대의 성격과 경제적 독립을 중요하게 본다. 반드시 독립적인 성향을 가져야 하고, 경제적으로도 스스로 설 수 있어야 한다. 자산도 많아야 하고 머리가 길고 용모 단정해야 하며, 라이언이 직업상 규칙적으로 휴일에 쉴 수 없다는 점을 이해해줄 수 있어야 한다. 만날 시간이 부족하다고 불평해서도 안 되고, 데이트 비용도 각자 부담해야 한다.

이처럼 까다로운 조건들은 라이언 특유의 성향을 그대로 보여준다. 마치 일부러라도 단점을 찾아내려는 듯한 태도 말이다. 하지만 적어도 목표가 명확한 덕분에, 그의 교제 상대는 애초에 게임의 룰을 분명히 알고 시작한다. 덕분에 헤어질 때도 길게 끌지 않는다. 다만 문제는 라이언과 오래 사랑을 이어가려는 사람이 없다는 점이다.

라이언은 짐짓 대범한 척하며 말했다.

"괜한 수고를 덜어서 좋아. 벌써 서른다섯이잖아. 지금이라도 나 자신을 솔직하게 마주하지 않으면, 언제 그러겠어."

지난 몇 년 동안, 라이언은 SNS를 통해 연애 상대를 찾아왔다. 하지만 대부분 몇 주를 가지 못하고 끝났다. 상대가 그의 성격을 참지 못한 것이 아니라, 단순히 서로 맞지 않았을 뿐이다. 가볍게 즐기다 끝나는 일이 반복되었고, 함께 밤을 보내고 자연스럽게 헤어지는 때도 많았다.

그런 경험을 거치며, 라이언은 점점 더 신중하게 상대를 찾기 시작했다. 하지만 이번에는 가치관이 맞지 않는다거나 미래에 대한 공동의 비전이 없다는 이유로 1년도 채 되지 않아 헤어졌다.

그렇게 여러 번 좌절을 겪으면서도, 라이언의 사랑에 대한 가치관은 흔들리지 않았다. 오히려 실패할수록 더욱 확고해졌고, 자신의 감정을 더욱 솔직하게 드러냈다.

진정한 사랑은 거짓으로 꾸미지 않는다. 양심에 어긋나는 변명은 말할 것도 없다. 스스로와 상대에게 모두 진실하게 마주하기로 선택했기 때문이다. 그리고 서로가 진정으로 무엇을 원하는지 깊이 이해하려고 노력했기 때문이다.

그렇다면 견고한 가치관이란 무엇일까? 왜 어떤 사람들은 쉽게 관계에 뛰어들지 않는 걸까? 사랑 때문이 아니라면 이번 생에서 당신은 자신이 원하는 미래조차 제대로 그려볼 수 없을지도 모른다.

첫 만남의 설렘으로 하루를 시작하라

—

'나 자신을 사랑하라'는 말은 이제 너무 흔하고 고리타분한 조언처럼 느껴진다. 마치 날씨가 추우면 옷을 더 입고, 배가 고프면 밥을 먹고, 지각하지 않으려면 일찍 잠자리에 들어야 한다는 말과 같다. 이렇듯 나 자신을 제대로 돌보고 사랑하는 일은 연인이 있든 없든 가장 기본적인 일이다.

어른이 된 후, 사랑과 관계를 바라보는 당신의 방식은 어린 시절과 비교할 수 없을 만큼 진지하고 신중해졌다. 관계 속에서 감성과 이성이 충돌할 때, 마음속으로는 두 사람의 미래를 냉정하게 평가한다. 이제 당신은 더 이상 시간을 낭비하지 않고 두 사람의 관계를 면밀하게 살핀다. 그리고 모든 것을 심사숙고한 후에 결정한다. 이는 단순한 처세가 아니라, 자신에게 어울리는 것이 무엇인지 이해하려는 과정이라고 할 수 있다.

"당신 생각은 어때?", "나한테 할 말 있어?" 매일 당신은 상대방의 생각을 듣고 싶어 하고, 그로부터 자신의 방법이 맞는지 검증한다. 그러나 사실 이것은 괜한 시늉에 불과하다. 내면의 불안과 주저함을 감추기 위한 것일 뿐이다.

몇 번의 사랑을 겪은 후, 당신은 점차 사랑의 진정한 동기가 무엇인지 이해하게 된다. 사랑은 단순히 감정의 표현을 넘어, 자신의 삶을 잘 살아가고 두 사람의 일상을 함께 나누는 것이다. 바뻔 현대인들이 중요하게 여기는 것은 어떻게 서로 함께 성장하고, 공통된 기억을 쌓아가느냐 하는 것이다.

당신이 무력함을 느낄 때, 함께 겪었던 과거를 떠올려보자. 사랑을 시작할 때의 그 초심은 두 사람이 각자의 삶에서 유일한 존재로 만들어준다. 서로를 굳게 믿고 의지하면, 깊은 밤에 고독이 조용히 다가오는 것조차 두렵지 않다.

더 나은 나로 성장하기 위한 전환점

—

이 시대를 살아가는 우리는 사랑하는 데 있어서 더 이상 물리적인 거리나 제한에 얽매이지 않는다. 중요한 것은 어떻게 상대방을 더욱 잘 사랑하고, 동시에 자기 자신을 이해하며, 함께 사랑의 본질을 찾아가는가 하는 점이다. 사랑은 두 사람이 친밀한 관계를 공유하는 것이기도 하지만, 각자의 독립성과 자아를 존중해야 한다.

어쩌면 당신은 자신을 틀에 가두고 이상적인 연인의 조건을 계속 나열하고 있을지도 모른다. 몇 번이나 눈빛을 마주쳤지만, 완전히 마음이 통하지는 않는다. 그러나 결국 그 사람과 서로 잘 맞는다는 점을 느끼면서 깊은 관계를 맺게 되고, 그로 인해 맹목적인 사랑을 추구하지 않게 된다.

당신이 자기 자신이나 다른 사람을 엄격하게 대하는 이유는 결국 자기방어를 위한 것이다. 진정한 사랑은 작은 실수와 과거의 상처까지 무조건적으로 받아들인다. 당신이 슬플 때, 그 사람도 곁에서 당신의 슬픔을 함께 느낀다. 기분이 좋을 때, 그 사람도 당신의 미소를 보고 자신도 미소를 지으며 기쁨을 나눈다.

08
내가 나를 사랑하는 방식

"당신이 스스로를 사랑하는 방식이
다른 사람들에게 당신을
어떻게 사랑해야 하는지 가르쳐준다."
– 루피 카우르

사람의 마음을 아프게 만드는 사랑에는 다양한 형태가 있다. 겉으로는 잘 지내는 것처럼 보이지만 속으로는 두 사람의 관계를 가볍게 여기는 경우도 있다. 한 사람이 더 이상 사랑하지 않아서 헤어지기도 한다.

이별을 고하는 순간은 항상 강렬한 감정을 동반한다. 그 순간에는 아쉬움, 안타까움, 원망, 질투가 얽혀 있고, 종종 욕망과 기대를 충족하지 못한 실망감을 안겨준다. 이런 복잡한 감정들이 뒤섞여 있기에, 이별은 단순히 끝이 아니라 여러 감정의 흔적을 남긴다.

뷰티 회사에 다니는 샤오산은 이미 결혼 적령기를 지났다. 업무상 워커홀릭이라는 별칭을 얻기는 했지만 샤오산은 결혼을 간절하게 원하고 있었다. 어느 날 밤, 외로움과 무료함이 몰려와 샤오산은 SNS를 통해 친구를 찾았다. 이후로 샤오산은 허구의 세계에서 낯선 사람들에게 적극적으로 구애하는 쾌감을 즐겼다. 그것은 현실에서 충족되지 못한 감정이었다.

허영과 비현실적인 상황이 샤오산의 업무와 일상에 가득 찼다. 얼마 지나지 않아 샤오산은 정신이 혼란스러워졌다. 휴대폰의 메시지에 따라 감정 기복이 심해졌고, 집중력이 흩어지고 잠을 못 이루는 사람처럼 극도로 흥분한 상태였다.

퇴근 후와 주말에 몇 번의 데이트를 하고 나서 샤오산은 빨리 정식으로 사귀고 싶었지만 결국 진실한 교제로 발전하지는 못했다. 어떤 사람은 너무 많은 규칙을 극복하지 못할 만큼 시시했고, 어떤 사람은 너무 빠른 만족을 원하지 않았다. 게다가 결혼을 전제로 사귀자는 거짓말을 하면서 실제로는 침대에 오르는 것이 목적인 사람이 더 많았다.

터무니없었던 날들을 떠올리며, 샤오산은 데이트를 했던 상대의 이름조차 기억하지 못했다. 그저 시간이 아까울 뿐이었고, 미래의 계획에 대해서는 더 이상 언급할 필요도 없었다. 샤오산은 자문자답할 수밖에 없었다. "이 세상에 나처럼 결혼과 안정을 원하는 사람이 또 있을까?"

게다가 사랑 앞에서 사람은 누구나 쉽게 거짓말을 한다. 안정감이라는 말은 이미 오래전에 허황된 이야기가 되어버렸다. 하지만 현실에서는 허구의 세계처럼 사랑이 빨리 이루어지지 않는 다고 해서 즉시 다른 상대로 바꾸는 일이 흔하지는 않다. 사람들 은 한 번의 실패를 하고 나면 스스로를 닫아버린다. 서로 헤어질 수밖에 없는 갈림길에 다다랐을 때, 우리는 과연 자신이 최선의 선택을 했다고 확신할 수 있을까?

리부트, 다시 나를 재설정하라

—

사랑은 언제나 선명하고 명확하게 나타나지는 않는다. 때로는 그냥 마음이 끌리는 정도일 뿐인데도 두 사람의 관계를 확인하 려 든다.

"우리는 지금 어떤 관계야? 정말 나를 좋아하는 거야?"

하지만 상대방은 처음부터 진지하게 오래 만날 마음이 없었 다. 당신이 눈치채지 못했을 뿐, 그 사람의 눈빛이나 당신에게 방 해받지 않으려는 태도, 서로 맞지 않는 행동들이 이미 그런 신호 를 보내고 있었다. 당신의 내면은 이미 명확한 답을 알고 있을 것 이다.

애매한 감정을 끝내는 가장 좋은 방법은 단호하게 이별을 고 하는 것이다. 이별은 당신을 더 자유롭게 숨 쉴 수 있게 한다.

그럼에도 왜 놓아주지 못하는 걸까? 일방적으로 관계를 붙잡고 있는 사람은 결코 행복해질 수 없다.

연인이라고 부를 수는 없지만 확실히 진지한 교제를 시도할 때도 있다. 그리고 서로 너무 빨리 안정적인 관계를 생각하지 않는다고 내비치기도 한다. 당신에게는 자기 자신을 탐색할 더 많은 기회가 있다. 그리고 상대방에게 당신이 원하는 방식을 이야기할 수도 있다. 그 사람은 자유롭고 부담 없는 관계가 익숙하고, 당신은 자신이 무엇 때문에 짜릿함을 느꼈는지 알고, 언제든지 이 관계를 끝낼 수 있다.

외로움이 찾아왔을 때, 당신은 힘들이지 않고 상대를 찾을 수 있다. 비록 누군가와는 헤어졌지만 그를 대신할 사람이 바로 나타난다. 그렇기 때문에 당신은 자신의 무력감과 슬픔을 눈여겨보지 않는다. 당신은 다시 무수한 상대와 만남과 헤어짐을 반복한다. 그러다 공허함을 느끼기 시작하고 사랑에 의문을 품는다. 반드시 다른 사람을 통해서만 자기 내면의 고독과 불안을 해소할 수 있는 것은 아니다. 동시에 혼자 살아갈 수 있고 스스로 회복할 수 있는 역량을 가지고 있다.

마지막에 평화로운 이별로 끝을 맺든 아니면 분노를 참기 힘든 상황에서 끝나든, 당신이 여전히 상대를 사랑하고 있다면 그 사랑을 성실하게 마주하라. 인연이 없는 사람과 관계를 계속 이어가거나 아무런 결실을 맺지 못했다고 해도 너무 자책하지 마라. 적어도 그 관계에서 당신은 솔직한 자신을 선택했다.

다음번에 행복이 찾아왔을 때는 더 깊은 관계를 맺더라도 초조함과 가혹한 요구는 줄여야 한다. 누구든 관계의 미래에 대해 여유를 가지고 생각할 시간이 필요하다. 당신 또한 자기 자신을 이해할 기회를 한 번 더 얻게 되는 셈이다.

09

나다움을 움켜쥐고 온전히 내 인생을 살아가라

"당신의 시간은 한정되어 있다.
그러니 다른 사람의 인생을 사느라
시간을 낭비하지 마라."
– 스티브 잡스

나 자신을 용서하기로 하면 늘 짊어지고 있던 무거운 짐을 내려놓게 되고 비로소 나를 위해 숨을 돌릴 수 있는 여유가 생긴다. 사랑도 해보고 미워도 해보겠지만 과거의 감정을 반복해서 되새기는 것은 좋지 않다.

모든 관계는 우리를 성장하게 만든다. 때로는 스스로 깨닫지 못했던 사실을 알게 해주고, 사소한 고민과 감정을 더 깊이 들여다보고 이해할 수 있다. 과거의 어떤 사건이나 경험을 떠올리며 그때의 감정을 다시 느낄 수도 있다. 그것이 기쁨이든, 슬픔이든, 무력감이든, 만족감이든, 우리는 다시금 사랑하고 사랑받을 용기를 되찾아야 한다.

우리가 마음을 열려고 노력하는 이유는 새로운 삶을 계획하

고, 스스로에게 맞는 목표를 세우며, 인연이 다가올 순간을 인내
심 있게 기다리기 위해서다.

하지만 과거의 아픔과 미련에 자주 빠져든다면, 용기 내어 앞
으로 나아가기가 어려워지고, 진정한 사랑을 믿기 힘들다. 인생
은 처음부터 끝까지 온전히 자신의 것이다. 그러니 스스로 인생
을 계획하고, 사랑을 향해 나아가야 한다.

자신에게 다시 사랑할 기회를 주자. 그리고 사랑의 본질을 믿
어보자. 솔직하게 마주했던 사랑이 두려움, 망설임, 질투를 남겼
다면, 결국 그것은 당신이 스스로를 완전히 용서하지 못했기 때
문이다.

인생에서 지금이 가장 능력 있고 에너지가 넘치는 순간이다.
그런 자신을 소중히 여겨라. 의미 있는 변화를 경험하면 더 이상
후회하지 않는다.

마음속에 자리 잡은 의심을 과감히 던져버리자. 점차 가면
을 벗어던지는 순간, 익숙한 나 자신을 마주하고 미지의 가능성
을 들여다보면, 그 앞에는 기대감으로 가득한 세상이 펼쳐질 것
이다.

자신이 가진 것들을 찬찬히 되돌아보고, 다시금 마음을 열어
사랑을 받아들여라. 내면을 일깨우고, 처음의 순수한 마음으로
돌아가 자아를 탐색하며, 이제는 나에게 맞지 않는 과거와 작별
을 고하자. 그러면 한층 가벼운 마음으로 과거를 잊고, 마침내 흐

못한 미소와 함께 마음의 짐을 내려놓게 될 것이다.

변화하기에 완벽한 타이밍이란 없다. 중요한 건 용기를 내고, 마음을 가라앉힌 뒤, 스스로를 굳게 믿는 것이다. 그래야만 비로소 다음 페이지로 나아갈 수 있다.

기존의 고정관념을 내려놓아야 새로운 관계가 시작될 때마다 모든 것을 받아들일 수 있다. 그리고 잊지 마라. 당신은 그 누구도 아닌, 오직 당신 자신이다. 그러니 있는 그대로의 자신에 대해 죄책감을 느낄 필요 없다.

모든 일이 결국 당신을 위한 과정임을 깨닫기 시작하면, 고개를 들었을 때 희망이 보일 것이다. 원하는 방향으로 나아가는 것은 당신의 선택이다. 단지 높이 날 수 없다는 변명을 떨쳐버리기만 하면 된다.

최악의 관계에서도 배울 것은 있다
—

우리는 모두 어느 순간, 문득 아름다웠던 과거를 떠올리곤 한다. 이미 내 곁을 떠났고, 더 이상 사랑이라 부를 수도 없지만, 여전히 마음 깊숙한 곳에는 소중한 감정과 기억이 남아 있다.

과거에 가장 소중하게 여겼던 손길, 쉽게 놓지 못했던 고민들도 결국 시간 속에서 자연스럽게 희미해진다. 그리고 마지막까지 떠오르는 장면들은 대부분 아름답고 기억할 만한 가치가 있는 순간들이다.

우리가 사랑했던 시간은 소중했고, 때로는 미워하기도 했지만, 지나간 감정들은 지금 이 순간을 살아가는 데 더 이상 중요하지 않다. 이제 손을 놓아주자. 그러면 더없이 자유롭고, 한층 넓어진 세상이 당신을 맞이할 것이다.

이미 지나간 아쉬움을 너무 깊이 분석해서는 안 된다. 희망으로 가득 찬 기대를 품되, 누군가에게 당신을 위해 완벽하게 행동해야 한다고 강요해서는 안 된다. 억지로 답을 찾으려 하지 말고, 과거에 대한 집착을 버려라. 비록 예상과 다르더라도 초심을 믿으면 모든 것이 점차 긍정적인 방향으로 변화할 것이다.

인간관계에 판돈을 걸지 마라

—

"모든 사랑은 가장 전형적인 사례가 될 수 있다. 함께한 시간이 길어질수록 그것을 끊어버리기 더욱 어렵다."

그 과정에서 우리는 어쩔 수 없이 도박꾼 같은 마음을 지니게 된다. 이번 판에 돈을 따지 못하면 다음 판에 배로 노력해서 돈을 따겠다는 심리다. '그 상황을 받아들이기 힘들어서' 기존의 태도나 방식을 계속 유지하며, 점점 더 고통스러운데도 자신을 설득

한다. 그러면서 결국 막다른 골목에 이르고, 적절한 시점에 멈추지 않으면 인생은 점점 더 나빠진다는 사실을 깨닫지 못한다.

우리는 아마도 정신이 혼란스러웠던 순간에 실수를 한 적이 있을 것이다. 괜한 헛걸음을 하고, 말하기 어려운 좌절을 경험했을 수도 있다. 좀 더 일찍 매몰비용이라는 개념을 알았다면, 더 빨리 인식을 전환하고 방향을 조정하여 진심으로 교훈을 얻었을 것이다. 이득과 손해를 계산하면서도 두려워하지 않고, 인생은 언제든지 새롭게 시작할 수 있다는 사실을 깨달았을 것이다.

이미 충분히 노력했는데도 아직 보상을 받지 못했다면, 단순히 방향이 잘못되었을 수 있다. 하지만 역방향 사고를 하면, 당신 앞에 새로운 아름다운 길이 열릴 것이다.

현재를 살아가면서 자신을 위해 약간의 유연성을 가지고, 다른 사람에게도 배려하는 것이 중요하다. 그리고 당신과 맞지 않는 것을 아쉬워하며 억지로 붙잡을 필요 없다.

흔들리지 않는 한 앞으로 나아갈 수 있다
—

더 이상 주변의 무의미한 목소리에 자신의 삶이 흔들리지 않도록 연습하자. 당신은 오직 자신만의 각본에 따라 앞으로 나아가면 된다. 어느 순간, 우리는 넓은 마음으로 세상에서 일어나는 일들, 뜻대로 풀리는 일과 뜻대로 풀리지 않는 일들을 모두 받아들여야 한다.

자기 자신을 긍정하고, 우주가 당신에게 준 운명을 받아들여라. 항상 최선을 다하려는 노력을 기울이고, 적극적으로 나아가고자 하는 마음을 가져야 한다. 노력 없이 가만히 앉아 좋은 결과를 바라서는 안 된다. 그렇게 된다면, 설령 좋은 일이 생겼더라도 오래가지 않는다.

과거에 대한 아쉬움이든 예기치 못한 일이든, 그 모든 것은 하늘이 계획한 최고의 과정이다. 어느 날, 당신이 더 이상 구속받지 않을 때, 과거에 떠나간 모든 것과 어쩔 수 없이 포기한 것들은 또 다른 모습으로 당신에게 돌아온다. 사랑도 마찬가지다. 삶에서 만나는 사람들과 일에 진심을 다하면, 적절한 시기에 보답을 받게 마련이다. 당신에게 속한 아름다움은 여기저기를 떠돌다 결국 자신에게 돌아온다.

과거에 작별을 고하고, 자기 자신을 위해 열심히, 그리고 멋지게 살아가자. 잘못된 일이나 나쁜 일조차 감사하게 여기고, 더 이상 미련을 두지 말자. 미래의 주인은 바로 당신이다.

"서로를 사랑하되,
사랑으로 얽매지는 말라.
오히려 너희 영혼의 두 해안 사이에
바다가 흐르게 하라."

– 칼릴 지브란

....

"거리는 연결의 반대말이 아니다.
오히려 연결을 위한 조건이다."

– 에스터 페렐(관계심리학자)

관계는 틈이다

초판 1쇄 인쇄 2025년 5월 10일
초판 1쇄 발행 2025년 5월 15일

지은이 차이유린
옮긴이 김경숙

편 집 이원주
디자인 정태성
마케팅 신용천
물 류 책글터
펴낸곳 밀리언서재

등 록 2020. 3. 10 제2020-000064호
주 소 서울시 마포구 동교로 75
전 화 02-332-3130
팩 스 0502-313-6757
이메일 million0313@naver.com
블로그 https://blog.naver.com/millionbook03
인스타그램 https://www.instagram.com/millionpublisher_/

ISBN 979-11-91777-96-3 03190
정가 18,500원